LA
BOSNIE POPULAIRE

PAYSAGES — MŒURS ET COUTUMES
LÉGENDES — CHANTS POPULAIRES — MINES

PAR

ALBERT BORDEAUX

Ouvrage accompagné de 12 gravures
ET D'UNE CARTE

PARIS
LIBRAIRIE PLON
PLON-NOURRIT ET Cᵉ, IMPRIMEURS-ÉDITEURS
8, RUE GARANCIÈRE — 6ᵉ

1904

LA
BOSNIE POPULAIRE

DU MÊME AUTEUR

Rhodésie et Transvaal, 2ᵉ édition. PLON, éditeur.

Sibérie et Californie (*épuisé*). PLON, éditeur.

Sibérie, 2ᵉ édition. PLON, éditeur.

Les Mines de l'Afrique du Sud. DUNOD, éditeur.

Les Mines de Californie. DUNOD, éditeur.

Les Mines de la Sibérie. DUNOD, éditeur.

PARIS. TYP. PLON-NOURRIT ET Cⁱᵉ, 8, RUE GARANCIÈRE. — 5553.

LA
BOSNIE POPULAIRE

PAYSAGES — MOEURS ET COUTUMES

LÉGENDES — CHANTS POPULAIRES — MINES

PAR

ALBERT BORDEAUX

Ouvrage accompagné de 12 gravures
et d'une carte

PARIS

LIBRAIRIE PLON

PLON-NOURRIT ET Cⁱᵉ, IMPRIMEURS-ÉDITEURS

8, RUE GARANCIÈRE — 6ᵉ

1904

Tous droits réservés

A

S. E. LE BARON MOLLINARY

PRÉFET DU COMITAT DE SERAÏEVO

LA
BOSNIE POPULAIRE

CHAPITRE PREMIER

L'ADRIATIQUE — MOSTAR

L'Adriatique. — Metkovitch. — La Narenta. — Mostar. — Un enterrement. — Les gorges de la Narenta. — Iablanitza.

La route la plus pittoresque pour arriver en Bosnie, cette Suisse de l'Orient si récemment ouverte aux excursionnistes par l'Autriche, est celle de l'Adriatique. La Bosnie est une province slave ; la langue du peuple est la langue croate ou serbe, de même origine que les langues russe, polonaise, tchèque, slavonne.

Pour arriver à la Narenta, la rivière qui ouvre l'accès en Bosnie, on prend un des vapeurs de la compagnie du Lloyd autrichien à Trieste ou à Fiume ; ces vapeurs font le service de la côte par Zara, Spalato, etc., jusqu'à Raguse et au delà. Le voyage

1

est extrêmement pittoresque. Sur toute la côte dalmate de l'Adriatique se succèdent des îles innombrables qui laissent entre elles des lacs aux perspectives toujours changeantes, tantôt bornés par des berges vertes, tantôt enfermés entre des rocs aigus, tantôt infinis comme la mer : la côte elle-même est une suite de fiords comme ceux de Norvège, et de fraîches vallées que dominent au loin les hautes cimes boisées des montagnes bosniaques.

Les eaux sont sillonnées de voiliers, de barques, de canots de pêcheurs, de vapeurs, de cuirassés, et même de torpilleurs, et sur tous ce sont des gens en costumes de couleurs éclatantes, comme on les aime dans les pays de soleil.

Spalato est remarquable par l'ancien palais de Dioclétien qui enferme la ville presque entière entre ses murs. En face s'allonge la grande île de Brazza, d'où j'étais parti pour la Bosnie une première fois au printemps 1890. Mais rien n'a changé depuis. Brûlée de soleil, cette île continue de produire la meilleure huile d'olive et les meilleurs vins de Dalmatie.

Je me rappelle, en les revoyant, ces nuits lumineuses d'alors. J'étais accompagné de M. Anton Deskovitch, maire de Pucisée, la petite capitale de l'île de Brazza, fils d'un député au Parlement, grand propriétaire en Dalmatie et chercheur de mines en Bosnie ; il m'accompagnait dans ce pays, alors à peine échappé aux Turcs.

Nous partîmes de Pucisée à minuit, sur un vapeur spécial, emportant avec nous le matériel d'une véritable expédition : deux chevaux de race croate, une mule, des chiens, un palefrenier, un cuisinier ; puis nos malles, des couvertures, des oreillers, des selles, des harnais pour une voiture, enfin des provisions, surtout du biscuit dont je compris l'utilité en goûtant le pain des paysans bosniaques.

M. Deskovitch connaissait la Bosnie par expérience et savait qu'il y manquait beaucoup de confort. Aujourd'hui c'est différent, on trouve des hôtels un peu partout : cependant celui qui ferait des recherches de mine aurait encore souvent à séjourner dans des montagnes éloignées de tout confort moderne.

Malgré la beauté de l'Adriatique au clair du lune, le spectacle des hautes cimes de Mossor en Dalmatie, estompées dans le bleu de nuit, dessinant dans la mer un écran d'ombre et couronnées de milliers d'étoiles scintillantes, réfléchies par les eaux de toutes parts, sauf aux points où s'élèvent les dos sombres des îlots ; malgré ce spectacle, nous ne tardâmes pas à nous étendre pour dormir tant bien que mal sur nos banquettes rembourrées.

Mais l'air vif du matin sur la mer nous réveilla bientôt : en même temps, dès trois heures, le jour entrait à flots par toutes les ouvertures et bientôt nous étions debout, continuant à contempler la suite de mêmes paysages que la veille. Quand le soleil se lève au-dessus des monts, coupant la mer d'une immense lame d'or, nous sommes entre la côte et la péninsule Sabioncello, comme au centre d'un grand lac.

Les côtes se rapprochent : voici une passe abritée par deux môles ; c'est l'embouchure de la Narenta, vaste delta marécageux que le fleuve traverse divisé en plusieurs bras. Le principal de ces bras a été canalisé, et nous le remontons sans peine jusqu'à Metkovitch, entre des rives qui deviennent bientôt rocheuses, interrompues par de pauvres villages slaves ombragés de mûriers et d'oliviers : Romine, Fort Opus, Krvanatch. Puis ce sont les ruines de l'ancienne Narona, ville romaine déjà célèbre cinq cents ans avant l'ère chrétienne, aujourd'hui San Vido ; une tour ruinée marque encore le souvenir de la domination vénitienne.

Metkovitch est le port de débarquement, c'est le

débouché naturel du commerce de l'Herzégovine et d'une partie de la Bosnie : les quais sont vastes, et l'animation est très grande. La station du chemin de fer est à côté des quais; la petite ville est sur l'autre rive, au delà d'un grand pont en bois. Cette localité animée était autrefois la « Sibérie autrichienne », un lieu d'exil.

Après les formalités du passeport, nous prenons place dans les petits, mais confortables compartiments du train pour faire 45 kilomètres qui nous séparent encore de Mostar. La Narenta est très sinueuse, ce qui oblige la voie ferrée à des courbes et à des détours incessants. A peine installés, on nous enferme à clef; la cloche sonne et nous entrons en Herzégovine, le pays le plus rocailleux et le plus désolé de l'Europe, où il semble que les chamois eux-mêmes doivent trouver difficilement leur nourriture.

Les travaux d'art moderne, ponts suspendus, canaux, passerelles, font un curieux contraste avec les anciennes ruines vénitiennes et slaves et les pauvres villages mal abrités sous les oliviers et les mûriers, leur seule ressource dans ces déserts de pierre.

On passe Doliane; puis Gabela, citadelle vénitienne en ruine sur un promontoire isolé; puis

Tchaplina et la première mosquée turque que nous rencontrons ; d'autres tours, des murailles crénelées ; enfin Bouna, avec un pont de quatorze arches, dominée par des forts. Ici le val de la Narenta s'élargit pour former une vaste plaine qui était autrefois un lac entouré de rochers, sur lesquels on voit encore les anneaux de fer qui servaient à amarrer les barques au rivage.

Le sol est boueux, c'est la boue de Mostar, et c'est ici que commence la plaine de Mostar, que l'on distingue bientôt avec ses minarets et ses clochers, devant une falaise immense. Nous visiterons Mostar avant de partir pour la Bosnie.

La voie ferrée fait le tour de la ville à travers des jardins luxuriants, une végétation digne de l'Algérie et de l'Égypte, car en été la température atteint 40 degrés, et le climat est presque celui d'Alexandrie. La ville s'étend toute en longueur, sur la rive gauche de la Narenta contre le rocher qui s'élève peu à peu jusqu'à former des montagnes dénudées couronnées de forts. Les maisons, basses et irrégulières, sont en pierre ; leur alignement est interrompu de temps à autre par une mosquée qui dresse vers le ciel son long et maigre minaret. À chaque extrémité de la ville s'étendent des cimetières.

MOSTAR. — PONT ET MOSQUÉE

De la grande rue principale partent de courtes rues latérales qui vont les unes en descendant vers le fleuve, les autres en montant vers la falaise. Tout en haut se dresse l'église grecque orthodoxe, avec ses coupoles et ses clochers en dôme. L'église catholique, toute récente, est sur l'autre rive de la Narenta, attenante à un couvent de franciscains.

Vers le fleuve, le rocher, à pic sur 70 pieds de hauteur, a été percé de façon à former des caves et même des logements avec des fenêtres ; on l'a simplement surmonté de quelques mètres de maçonnerie et d'une toiture, de sorte que, du côté du fleuve, la maison paraît avoir plusieurs étages, et sur la rue elle n'a qu'un rez-de-chaussée. En suivant cette rue basse, on arrive à une haute et large tour demi-circulaire, et l'on se trouve à l'entrée du fameux pont de Mostar, vieux de deux mille ans. Rien n'égale pourtant la sveltesse de son unique arche ogivale s'élevant à 100 pieds au-dessus du fleuve ; rien ne paraît plus audacieux ni plus frêle, et cependant le temps a confirmé sa solidité. Les deux culées s'appuient contre le rocher qui tombe verticalement dans l'eau, sans offrir aucun relief sur sa paroi glissante : on est confondu de la hardiesse romaine. Chaque extrémité du pont porte une tour demi-circulaire. C'était autrefois le seul pont de la Narenta depuis son embouchure; aussi sa possession avait-elle une importance capitale pour l'Herzégovine. Le tablier du pont, étroit, en forte pente de chaque côté du milieu, ajoutait à la facilité de sa défense.

Il faut descendre au bord du fleuve pour l'admirer d'un coup d'œil : lorsqu'on se trouve un peu en aval, on voit par-dessous l'arche colossale ces maisons curieuses creusées dans la roche, qui semble une muraille fortifiée et, au-dessus, des mosquées et des minarets, comme des tours lointaines, et enfin les montagnes calcaires dépourvues de toute végétation, fond de décor aussi sauvage et aussi grandiose que le décor même.

Le soir, ce pont gothique et ses deux campaniles ressemblent à la porte fortifiée énorme de quelque château gigantesque des *Mille et une Nuits* ou de la féodalité, et avec un peu d'imagination on voit la silhouette noire du veilleur de nuit, qui chante en sondant les ténèbres de l'abîme, au fond duquel grondent les eaux torrentueuses où se perd le bruit de son chant.

Cependant ce pont de légende est étroit et incommode pour les besoins modernes; aussi on a construit plus haut un pont de fer à poutres droites qui fait contraste, et s'appelle le pont

François-Joseph, et convient parfaitement au nouveau développement de Mostar.

Les hôtels, les cafés, les magasins, sont tous réunis au centre de la ville. L'hôtel de la Poste, comprenant la poste et le télégraphe, retentit sans cesse de musique tzigane. C'est ici que commence la confusion des langues, le hongrois, le croate, le tchèque, le turc, l'italien, l'allemand; enfin le français, et l'anglais dans la saison des touristes, je pense.

Il y a deux grands hôtels : l'hôtel Kronprinz, où l'on entend des chansonnettes de café concert dans un français où se reconnaît l'accent étranger, et l'hôtel Narenta, sur les quais, vaste édifice de style mauresque, à ce qu'il m'a semblé : dans sa vérandah dominant le fleuve, entourée de jardins, on peut passer de délicieuses soirées.

La variété des costumes fait le charme des rues de Mostar; on sait combien ils sont pittoresques en Herzégovine. En même temps, cette ville est pleine d'animaux : chevaux, mulets, ânes, bœufs et surtout chiens. Dans les cafés, chaque consommateur est muni d'un chien de garde; on dirait que les brigands d'autrefois sont encore redoutés.

Les cimetières sont interminables; les Turcs, comme les Chinois, défendaient d'ensevelir deux

morts l'un sur l'autre. Les chrétiens ont des cimetières séparés, orthodoxes et catholiques; cependant les cultes chrétiens et musulmans ont assez
fortement réagi l'un sur l'autre, dans les cérémonies d'ensevelissement par exemple. C'est une
coutume que pas un membre de la famille du
mort ne l'accompagne, ni à l'église, ni au cimetière. Puis, lorsque le cercueil est déposé au fond
de la fosse, quelle que soit la religion du mort,
chacun tient à honneur de précipiter, à un signal
donné, au moins une pierre ou de la terre sur la
caisse du cercueil, ce qui produit un grondement
macabre; des truelles sont même offertes pleines
de terre aux personnages de marque qui suivent la
cérémonie.

Chrétiens et musulmans sont superstitieux; ils
portent tous des talismans : croix, colliers en
pointes de flèche, étoiles, tortues, lapins, cornes,
tête de mort, en jaspe ou en cornaline; les Turcs
les font bénir par les popes ou par les franciscains. Le mort est toujours enterré avec son talisman, qui doit continuer à lui porter bonheur sur
les vagues du Styx, qui sait!

Je ne décrirai pas Mostar que tous les voyageurs connaissent, ayant hâte de conduire mes lecteurs en Bosnie; je n'aime guère les pays chauds,

et Mostar est très chaud l'été, tandis que la Bosnie est verte et fraîche; pourtant on a l'air de traiter avec mépris les Bosniaques sous le nom de *slivari*, « mangeurs de prunes ». Plus tard, je reviendrai faire un tour dans les montagnes de la haute Herzégovine.

Le train de Konïtza quitte Mostar à |six heures du matin. Les gorges de la Narenta sont tout de suite très étroites; il n'y a place que pour la rivière, la voie ferrée et la route. On peut suivre de l'œil l'ancienne voie romaine qui a servi plus de dix-huit cents ans, et comparer la rectitude du nouveau tracé à cette voie qui montait et descendait sans cesse le long du rocher, obéissant aux caprices de la nature au lieu de leur commander. La voie ferrée et la nouvelle route se font toujours vis-à-vis et alternent une fois ou deux en se croisant sur d'élégantes passerelles en fer.

Parfois des cascades ruissellent sur les flancs des rochers; parfois le roc nu s'élance sous des formes bizarres et tourmentées, ou comme une tour au sommet aigu terminé par un pin en guise de drapeau.

Seul, en effet, le *pinus abies* étend ses branches en parasol sur les pointes de rocher, sur les blocs erratiques, et au bord des cascades. Le reste de la roche est d'un gris uniforme, rompu seulement par le vert de quelques buissons et le blanc neigeux des cascades. L'une de ces cascades descend d'une gigantesque crête de rocs, sorte d'arc-boutant du Porim Planina, et la masse d'eau bleue qui se précipite dans le fleuve vient rejaillir jusqu'à nous, renvoyée par les roches amoncelées qui font grincer les eaux sur leurs arêtes tranchantes. Le bruit des trains se mêle à la voix de la rivière, des torrents et des cascades, tandis que les wagons serpentent contre la roche, parfois s'enfoncent au fond de gorges où ne pénètre jamais le soleil.

On passe ainsi Rachka-Gora, Voïna, villages de pierre dans un pays de pierre; puis la vallée s'élargit pour recevoir les torrents de deux vallées; on est arrivé à la frontière de Bosnie, à Yablanitza. C'est ici que débouche la rivière Rama, en face des hautes parois décharnées et acérées de Glogochnitza en Herzégovine, hautes de 1,900 mètres.

Du côté de la Bosnie, ce sont des montagnes moins âpres, où la végétation apparaît d'abord rare, puis de plus en plus fournie et envahissante à mesure que l'on regarde plus haut et plus loin dans le fond des vallons.

Il y a maintenant un hôtel à Yablanitza; il n'y en avait point en 1890; nous avions nos chevaux et nous longeâmes la Rama dans le paysage le plus sombre que l'on puisse imaginer. Son confluent avec la Narenta est un spectacle : les eaux bouillonnent en écumant entre trois immenses contreforts de montagnes qui viennent converger vers un piton central entouré d'eau.

C'est l'entrée grandiose de la Bosnie.

CHAPITRE II

LE CHATEAU DE PROZOR

Les gorges de la Rama. — Le défilé de Prozor. — L'ancienne
citadelle. — Légende de la mort des Yougovitch.

La vallée de la Rama diffère de celle de la
Narenta comme la Bosnie diffère de l'Herzégovine :
on entre dans un autre pays, et cela brusquement.
Tout de suite un air vif circule, apportant les éma-
nations des sapins et des pâturages de la haute
vallée. Au lieu d'être dénudées et brûlantes de
sécheresse, toutes terminées par des dents et des
pics aigus, les montagnes présentent des croupes
arrondies, toutes couvertes de forêts et de prairies
humides dans l'ombre et voilées de vapeur au
soleil. C'est un autre climat, comme un autre
pays, et l'on monte sans cesse, imperceptiblement
pendant longtemps, au bord de la forte rivière la
Rama, rapide malgré la masse des eaux. Le spectacle varie à chaque pas ; la vallée est tantôt large
et tantôt très étroite, coupée à droite et à gauche

VALLÉE DE LA RAMA.

de ravins sombres et de vallons découverts. La route est excellente, presque partout ombragée, et rafraîchie par le voisinage de l'eau courante; mais l'ancien chemin turc paraît presque impraticable. Dans les étroits passages, où le rocher a été mis à nu par le torrent qui s'y est creusé son lit à de grandes profondeurs, il grimpe sur des rocs à pic, et il est si étroit et surplombe des pentes si escarpées qu'il devait être impossible d'y rencontrer quelqu'un sans être obligé de rebrousser chemin. Il faut dire aussi qu'il est sans doute devenu beaucoup plus mauvais depuis qu'il n'est plus entretenu par de fréquents passages d'hommes et d'animaux.

Lorsqu'on s'enfonce dans la vallée de la Rama, le paysage demeure quelque temps aussi sauvage; puis on rencontre un pont de pierre d'une seule arche, absolument semblable au pont de Mostar, bien qu'un peu moins haut. C'est sur ce pont très ancien, peut-être romain, que passe l'ancienne voie qui conduisait au pays de Rama. La route nouvelle demeure sur la même rive, et bientôt la vallée s'élargit pour donner issue aux vallées d'Oustrama et de Valovatz. Le paysage varie sans cesse, la végétation va toujours en augmentant, et l'on croit |arriver à de riches plaines quand de nouveau la vallée se resserre, la roche réapparaît et remonte à des hauteurs vertigineuses à force d'être redressées ; en bas elle est creusée et forme d'immenses cavernes ; en haut la paroi est lisse à cause des eaux qui suintent des régions supérieures où apparaissent des masses boisées ; parfois même des cascades viennent inonder les bords de la route. Le ravin redevient vallée pour donner passage à quelques maisons entourées de prairies, avec de petites terrasses sur des élargissements de rochers ; mais la vallée est courte et le ravin recommence plus encaissé que jamais. Au point le plus étroit, où les eaux de plus en plus torrentueuses s'amoncellent pour n'occuper qu'une fente de roche, dans laquelle elles mugissent, répercutées par les échos des hautes falaises à pic, un pont de bois rejette la route d'une rive à l'autre. L'impression sauvage est encore augmentée par les écriteaux en langue croate que portent les extrémités du pont : « Défense de trotter et de galoper sur le pont, et d'allumer du feu au-dessus ou dans le voisinage. » Cela fait ressortir aussi l'importance de ce pont, l'unique moyen d'aller à Prozor. Le défilé continue encore quelque temps au delà ; puis définitivement la vallée recommence, s'élargissant de plus en plus.

Mais à Loug, tandis que la vallée de la Rama s'éloigne vers l'Ouest, la route de Prozor commence à gravir en serpentant les pentes gazonnées et boisées des montagnes de la rive gauche, semées de petits villages palissadés contre les incursions des loups et des sangliers. L'on monte de plus en plus à chaque lacet, et la vue s'étend de plus en plus loin, les montagnes voisines s'abaissent, tandis que les plus lointaines émergent par-dessus, et enfin lorsqu'on arrive à la dernière boucle, l'on voit au loin, dominant tout l'ensemble des collines et des montagnes vertes qui entourent la vallée de la Rama, les hautes cimes de l'Herzégovine, bleuies par l'éloignement, qui bordent la Narenta au-delà de Yablanitza.

Au-delà de cette sorte d'observatoire naturel, la route de Prozor s'engage dans un long défilé de deux kilomètres, tout le long duquel elle domine un torrent d'une trentaine de mètres, et monte entourée de bois touffus qui font comme une fourrure aux deux pentes; l'obscurité de la nuit y est absolue; mais on aperçoit enfin, dans l'éclaircie d'un ravin glacial, un vaste rocher émergeant de l'ombre et dominant la route d'une hauteur qui paraît colossale; il est percé à mi-hauteur d'une caverne d'où le torrent se précipite, et couronné d'une vieille tour en ruines, trapue et rapetissée par la hauteur. Entre ce rocher et les montagnes voisines, par une fente étroite comme une fenêtre, va s'engager la route, et au delà, tout à coup, l'on voit un village, dans un site pittoresque et élargi. C'est Prozor, dont le nom en croate signifie fenêtre.

Arriver de nuit à Prozor, c'est venir se perdre dans les confins du monde. De rares lumières aux fenêtres, des rues courtes et noires, le bruit d'un torrent, de vagues montagnes que l'on devine parce qu'elles sont un peu plus noires que le reste du ciel. Aussi faut-il remettre au jour l'inspection des lieux.

L'impression générale du matin confirme bien ce que l'on avait entrevu la veille. Prozor, pauvre village de quelques centaines d'âmes, pays perdu dans les montagnes, abrité d'un côté par la forteresse et le défilé aperçus le soir, de l'autre par un cirque de montagnes assez éloigné, garde pourtant encore quelque chose de son passé. C'était l'ancienne capitale du pays de Rama qui, grâce à ses défenses naturelles et à son fort, a résisté à l'invasion turque soixante ans de plus que le reste de la Bosnie.

Deux mots sur les conditions de mon séjour de

dix-neuf mois dans ce pays sont nécessaires. Il faut d'abord, dans les vingt-quatre heures, remettre son passeport à la police, qui ne le rendra qu'au départ, et aura ainsi la comptabilité de ce séjour. Une fois en règle, il faut chercher une habitation dans les conditions les moins mauvaises possibles. Heureusement, il s'en trouve une assez gaie, isolée à flanc de coteau sur les pentes voisines du mamelon qui porte les ruines de la forteresse ; elle est séparée du village par un petit pont en bois jeté sur le torrent de Prozor. Bâtie comme toutes les maisons bosniaques, sauf qu'elle a deux étages et qu'elle est toute en pierre, cette maison possède au rez-de-chaussée une écurie par laquelle il faut passer pour gagner l'escalier de bois qui monte aux étages supérieurs. Chaque étage est formé d'une seule pièce assez vaste, à deux fenêtres donnant sur le vallon. Au-dessus de l'escalier, une pierre pour faire la cuisine et une petite chambre en planches. La fumée se passe de cheminée et s'échappe directement à travers les poutres et les planchettes de la toiture, par-dessus le galetas. Le toit est très incliné, à cause des neiges abondantes de l'hiver. Mais cette maison possède un énorme avantage sur les maisons bosniaques : les plafonds sont assez hauts, les fenêtres ne sont pas au ras du sol, on peut s'y accouder, et les murs sont épais et non pas de simples galandages en bois. Du côté opposé au village, le second étage donne directement sur le sol grâce à la pente, et au bout d'un petit pré planté de cerisiers, un chemin pierreux mène au sommet du coteau.

Les Turcs couchent roulés dans des couvertures, sur des divans de bois qui font le tour des chambres. Heureusement nous trouvons dans notre maison des lits en bois, venant de Livno et datant de la venue des Français dans ce pays sous le premier Empire. Mais, suivant le système allemand, le drap est cousu à la couverture; aussi mon premier soin est de le découdre et d'obtenir un lit presque français; la paillasse est un peu dure, mais on n'en dort que mieux. Outre le lit, une commode, des armoires et un fourneau en terre, aussi vite démoli que rebâti et tout couvert de cavités pour augmenter la surface de chauffe, voilà tout le mobilier. Le tout appartient à un nommé Vrano Brizar, un Bosniaque des plus riches du pays, qu'on voit toujours revêtu du costume bosniaque, mais en étoffes riches, qu'il porte avec la conscience de sa dignité.

La maison n'avait avant nous d'autres locataires

que les rats ; ils s'y étaient multipliés en paix, et les premières nuits, ils montaient sans se gêner jusque sur les couvertures des lits. Mais il suffit de l'entrée en campagne d'un chat pour les faire déguerpir.

Toutes les langues d'Europe, sauf l'anglais, se parlaient dans ces quatre murs. Nous parlions entre nous le français, l'allemand et l'italien ; le cuisinier parlait l'espagnol, le garçon d'écurie ne parlait que le croate, que la fréquentation des Bosniaques me rendit bientôt familier ; aussi, malgré cette confusion de langues, nous nous sommes toujours parfaitement entendus. Il n'y a pas de pays où l'on ait besoin d'être plus polyglotte qu'en Autriche ; outre les langues précédentes, il faut encore connaître le hongrois, le tchèque, le polonais et le turc, et partout, même en Bosnie, on trouve des gens qui parlent toutes ces langues. La tour de Babel aurait sans doute pu être achevée dans ce pays.

Les fréquentes visites des Bosniaques mettaient encore plus d'animation parmi nous, en introduisant leurs costumes, leur langue, leurs mœurs : cette variété d'individus, le manque absolu de costumes européens, le voisinage de la vieille forteresse slave, tout me reportait à plusieurs siècles en arrière ; rien n'avait changé dans ces pays encore presque primitifs, comme habitants et comme habitations. L'époque féodale revivait même dans les ruines, au bas desquelles s'étendait le village. Les maisons, autrefois comme maintenant, étaient en briques et bois, couvertes en planchettes de hêtre ou de sapin, avec un seul étage. Seules les maisons turques ont cet unique étage prolongé par des vérandahs en avancement sur les rues, permettant de voir de tous les côtés : les fenêtres, très petites, sont presque au ras du sol, à cause de l'habitude turque de s'asseoir sur le plancher. Trois maisons européennes seulement font tache dans le tableau : la gendarmerie, le konak ou résidence du sous-préfet, du juge et de l'administration du district; et l'école, grand bâtiment isolé entre une pelouse, une cour et des jardins, au bord du petit torrent de Prozor.

Ainsi Prozor est absolument fermé d'un côté par d'énormes rochers encaissant le défilé par où nous sommes venus. Mais de l'autre côté la vallée est de plus en plus large; ce sont des prairies et des landes gazonnées qui pourraient être fertiles, mais qui sont à peine cultivées, grâce à la paresse des habitants; des bois de chêne recouvrent tous les accidents de terrain, séparés par des cours d'eau; puis, au loin, c'est un cirque de montagnes.

Les routes sont encore très rares dans ce pays, l'ancien pays de Rama, qui s'étend au nord et à l'est jusqu'aux cimes qui forment la ligne de partage des eaux du versant du Vrbas et du versant de la Narenta, à l'ouest et au sud, jusqu'aux chaînes qui le séparent de Livno et du bassin de Mostar. Une seule route moderne conduit à Gorny Vakouf; au delà, sur le Vrbas, un chemin à peine carrossable conduit à Livno. Tous les autres chemins ne sont praticables qu'à pied ou à cheval; beaucoup sont dangereux, mais on peut se fier entièrement à la sûreté de pied des chevaux du pays.

Des deux rochers qui encaissent le défilé de Prozor, l'un monte vers Borovnitza, village à flanc de coteau dans des prairies; l'autre porte la citadelle; le dernier est percé de part en part par un torrent, le seul qui arrose Prozor, et qui est presque à sec en été, ce qui prive les Turcs de leurs ablutions journalières.

On peut suivre avec des lanternes et des échelles ce long boyau souterrain; on y pénètre à l'entrée du torrent par des amoncellements de rochers sur lesquels chevauchent de petits moulins à eau pour moudre la farine. L'entrée est peu engageante et le passage à l'intérieur est affreusement difficile : il faut gravir des roches glissantes à pic et franchir des gouffres où l'eau tourbillonne; tantôt la voûte s'élève très haut, tantôt il faut passer en rampant à travers des détours sans fin. Mais à la sortie du boyau l'on pénètre tout à coup dans une vaste grotte de grande hauteur, demeure des chauves-souris et des chats-huants : la voûte, presque ogivale, est solide, et l'on peut sans crainte tirer des coups de fusil; cette grotte est longue de près de trente mètres. On en voit du dehors l'énorme ouverture toute noire, d'où l'eau sort en cascade blanche d'écume, tandis qu'à près de cent mètres au-dessus se dressent les ruines de la forteresse.

La légende raconte que cette forteresse, outre son importance défensive, servit autrefois à garder une mine d'or cachée dans le rocher qui la supporte, et que les gens du pays ont essayé, mais sans succès, de faire sauter. L'origine de cette légende vient probablement de la masse de terre qui servait à entourer les fossés de circonvallation du château du côté de Prozor, le seul accessible, et qui semble avoir été extraite d'un puits creusé dans le sol. La forteresse ne servait manifestement qu'à défendre le pays de Rama, en vue d'une invasion turque venant de la Narenta.

Avant de parler de ce château, on me permettra quelques réflexions sur les châteaux du moyen âge. Dans notre démocratie moderne, ils ont conservé une mauvaise réputation : on ne les voit qu'avec des prisons et des oubliettes, comme de petites Bastilles au milieu des campagnes. Des gens sérieux ont sérieusement ébranlé cette fausse légende, mais on ne les lit pas, et ce n'est jamais superflu de la démentir.

La forteresse de Prozor, par exemple, a rendu d'immenses services dans les guerres des Slaves contre les Turcs : le prince de Prozor (Knez) remplissait le rôle que jouent maintenant les nouveaux forts autrichiens et leurs officiers. Les gouvernements modernes ne protègent même pas toujours aussi bien les intérêts des populations que certains seigneurs d'autrefois : on en pourrait citer qui gouvernent contre le gré de la moitié du peuple. Mais venons-en à des considérations plus hautes, car cette question n'est rien moins que la lutte sociale, et il faut savoir quels sont vraiment les avantages de part et d'autre.

Or, il est difficile à l'homme qui a gravi une partie de l'échelle sociale de revenir en arrière, même de faire redescendre ses enfants à un niveau regardé comme inférieur, au travail manuel, par exemple. Cependant le développement cérébral, s'il est un progrès, devient bientôt une cause de décadence physique de la race, l'histoire paraît le prouver. Donc l'avenir est à la race inférieure qui possède la force physique, et elle en jouit au moins autant que le cerveau cultivé jouit de sa puissance : elle a donc l'avantage.

Il est juste de dire que notre civilisation, par l'emploi des machines, tend à supprimer la force et l'adresse physiques, et ce serait un destin fatal à toute la race humaine. Mais cet avenir est lointain ; en attendant, c'est plutôt la classe intermédiaire entre l'idée et l'outil qui disparaîtrait la première : la petite industrie ne peut que périr, d'autant plus que l'instruction partout répandue élève l'ouvrier au niveau du petit patron. Je ne vois plus alors où est l'infériorité ; je dirai même plus : le travailleur instruit jouit beaucoup plus que le penseur et l'homme d'étude ; il est équilibré. Ce qui lui manque le plus pour le moment, c'est la propreté : les Turcs mêmes, qui se lavent la tête, ne se lavent pas le corps, et cela se sent !

Il faut s'entendre : l'ouvrier pourrait participer aux bénéfices, comme il peut prêter son bras à meilleur marché aux entreprises qui luttent, qui commencent, qui subissent des crises : en faisant cela, il travaillerait autant pour lui que pour le capital. Mais le temps viendra, c'est affaire de raisonnement.

Cependant, je ne veux pas m'écarter trop loin du château de Prozor, et je reviens à sa terrasse, devant la tour. De là-haut, la vue embrasse tout le pays : d'un côté la vallée de plus en plus large conduisant à Stehit et entourée de montagnes aux sommets de neige; de l'autre, le défilé noir de bois où la route seule dessine à mi-hauteur un ruban blanc sinueux; puis au delà, le sol s'abaisse rapidement vers la Rama, où l'on distingue les défenses naturelles du pays, des gorges étroites et profondes, des rochers verticaux, arrondis comme des tours, mais terminés par des plateaux verdoyants aboutissant de part et d'autre à d'autres vallées et à des montagnes boisées; enfin tout au fond, la coupure de la Narenta par-devant des étages de montagnes arides, dentelées, bleuies par la distance, les plus hautes de celles qui entourent l'horizon, et où la neige des cimes et des ravins éclate sur le gris des rochers. Tout en bas du rocher nu, où quelques chèvres broutent les broussailles, le torrent sort avec bruit, invisible sur la pente presque verticale, tandis que vers Prozor descendent des pentes gazonnées.

La destruction de cette forteresse aurait mis fin

à l'indépendance du royaume de Rama, dernier rempart de la liberté en Bosnie, au commencement du seizième siècle. Voici comment la légende raconte la prise de la tour de Prozor. Ainsi située sur un rocher isolé, elle ne pouvait être alimentée d'eau directement. On avait construit un réservoir alimenté par une source située au pied de la montagne voisine, dans le massif qui occupe une moitié du cirque de montagnes du pays de Rama. Cette source est encore celle qui fournit à Prozor toute son eau potable. De la terrasse du château jusqu'au réservoir on avait tendu deux câbles parallèles, et le long de ces câbles montaient et descendaient un seau plein et un seau vide reliés ensemble par un troisième câble; le seau vide était chargé de pierres pour remonter par son seul poids le seau plein d'eau, et il suffisait d'aider d'en haut au mouvement.

Lorsque les Turcs comprirent l'inutilité de chercher à prendre d'assaut une citadelle perchée comme un nid d'aigle sur un roc inaccessible, ils se mirent à la recherche de la source du réservoir. Ils parcoururent les montagnes environnantes sans trouver la vraie source : enfin, un habitant du pays, dit-on, leur donna le conseil suivant : « Prenez un jeune étalon de trois ans, laissez-le trois jours sans lui donner à boire, puis lâchez-le dans la montagne ; là où vous le verrez frapper trois fois le sol de son sabot, là vous trouverez la source. » Les Turcs suivirent ce conseil, et le troisième jour, le cheval, pressé par la soif, et guidé par son instinct, se dirigea de lui-même vers la source, que les Turcs détournèrent aussitôt. La garnison du château, privée d'eau, fut obligée de se rendre ; le fils de la reine de Rama, un enfant, fut tué ; la reine fut emmenée par les Turcs avec sa fille qui aurait plus tard épousé un prince musulman. Le château fut ruiné et il est difficile de déterminer maintenant sa configuration exacte. Il ne reste qu'une grosse tour en forme de demi-cylindre, un peu en contre-bas du reste de la forteresse, et dont la face plate regarde le château ; de celui-ci, il ne reste que d'informes pans de murs couvrant un espace de cinquante mètres de longueur environ sur vingt-cinq de large. On distingue encore sur le rocher l'entaille faite tout le long pour y tendre les câbles, et sur le rocher d'en face les vestiges de l'aqueduc qui amenait l'eau au réservoir, et qui a été restauré pour alimenter les fontaines de Prozor.

Il m'est arrivé bien des fois d'évoquer le passé de cette tour, surtout en jetant les yeux d'en haut

sur les mosquées de Prozor, marque de la domination turque qui n'est pas près d'être effacée. Le
contraste des deux races, slave et turque, est frappant et bien accusé par le contraste entre les as-
sises massives de la tour toujours muette et les
maigres minarets aux sommets desquels retentit
trois fois par jour la voix traînante du muezzin.
Il n'y a rien non plus des vieux burgs gothiques
dans l'énorme simplicité de ces ruines; la race
slave s'y retrouve chez elle, et peut-être elle s'en
souviendra un jour. Là se trouvent à leur place
les vieilles mélodies croates, les vieux chants des
paysans de la Bosnie, simples, carrés, et un peu
sauvages, comme leurs forêts et leurs montagnes.
Cette impression ne fut jamais pour moi si profonde qu'un certain soir d'automne : je m'étais
hissé dans un éventrement de la tour pour voir
arriver la nuit, en face du défilé assombri déjà
par les bois tout bruns et tristes de novembre. Il y
avait, ce soir-là, beaucoup de nuages et de vent.
Le vent, gémissant dans les arbres, et heurtant
par saccades les rochers et la tour où il s'engouf-
frait, exécutait un concert digne de Wagner. Il
soufflait de plus en plus fort, et par moments il
augmentait tellement de violence qu'il me semblait
que j'allais le voir passer comme une chevauchée

éperdue à travers rochers et ravins. La tour était un centre autour duquel il tournoyait en spirale comme pour s'en emparer. A la fin, il a chassé les nuages, la lune est venue, et l'orage s'est apaisé. Dans les ruines, l'effet de ce calme, après cette tempête, était fantastique ; des recoins sombres, on croyait voir surgir les ombres apaisées des derniers défenseurs de la liberté de Rama, enfin victorieuses après plusieurs siècles de domination turque.

C'est le lieu de citer ici cette vieille ballade populaire, qui rappelle le souvenir de Kossovo, le Champ des Merles, encore vivace en Bosnie, et qui excite autant d'enthousiasme qu'en Suisse le Ranz des vaches. Seulement c'est un souvenir plein d'amertume, car il rappelle la défaite et les derniers jours de liberté. Le titre de la ballade est :

La Mort de la mère des Yougovitch.

Dieu bon, quelle indicible angoisse
Lorsque l'armée fut vaincue au champ des Merles.
Il y avait dans cette armée les neuf Yougovitch
Et leur père Youg Bogdan était le dixième.
La mère des Yougovitch supplie Dieu
Que Dieu lui donne les yeux du faucon
Et les ailes blanches du cygne
Pour voler à la plaine de Kossovo
Et revoir les neuf Yougovitch

Et le vieux Youg Bogdan le dixième.
Ce qu'elle a demandé, elle l'a obtenu de Dieu,
Dieu lui a donné les yeux du faucon
Et les ailes blanches du cygne.
Elle vole au champ des Merles,
Elle trouve morts les neuf Yougovitch
Et le vieux Youg Bogdan le dixième :
Près d'eux, leurs neuf lances de combat,
Près des lances, leurs neuf faucons,
Autour des lances, leurs neuf chevaux ardents
Et à côté d'eux, neuf lions furieux.
Alors hennirent les neuf fiers chevaux,
Rugirent les neuf lions furieux
Chantèrent les neuf faucons.
Cependant le cœur de la mère est devenu si dur
Que de son cœur elle n'eut aucune larme ;
Mais elle entraîne les neuf fiers chevaux,
Elle entraîne les neuf lions furieux,
Elle entraîne les neuf faucons,
Et elle retourne au château blanc.
De loin, ses belles filles la virent venir,
Elles allèrent un peu au-devant d'elle.
Alors se lamentèrent les neuf veuves,
Pleurèrent les neuf orphelins,
Hennirent les neuf fiers chevaux,
Rugirent les neuf lions furieux,
Chantèrent les neuf faucons.
Mais la mère avait le cœur si dur
Que de ses yeux nulle larme ne coula.
Quand vint la nuit, à minuit,
Le cheval blanc de Damian gémit.
La mère demanda à l'épouse de Damian :

« Ma fille, femme de Damian,
Qu'a donc à gémir le cheval blanc de Damian?
A-t-il faim de froment?
Ou bien soif de l'eau de Zvetchane? »
L'épouse de Damian répond :
« Ma mère, mère de Damian,
Le cheval n'a pas faim d'avoine,
Ni soif de l'eau de Zvetchane,
Mais Damian l'a accoutumé
A manger son avoine à minuit,
Et après minuit à chevaucher par la campagne,
Et il s'attriste sur son maître,
Parce qu'il ne le porte pas sur lui. »
Alors le cœur de la mère devint si dur
Que de ses yeux nul pleur ne coula.
Lorsqu'à l'aurore le jour se leva,
S'envolèrent deux corbeaux noirs,
Aux ailes sanglantes jusqu'aux épaules
Au bec rempli d'écume blanche.
Ils portent la main d'un héros,
A la main, un doigt porte un anneau d'or.
Ils jettent la main sur le sein de la mère.
La mère des Yougovitch prend la main,
La tourne, la retourne, la regarde ;
Elle appelle la femme de Damian :
« Ma fille, femme de Damian,
Reconnais-tu de qui est cette main?
La femme de Damian répond :
« Ma mère, mère de Damian,
C'est la main de notre Damian,
Car je reconnais l'anneau, mère,
C'est l'anneau de nos fiançailles. »

La mère prend la main de Damian,
La retourne et la regarde,
Et elle parle tout doucement à la main :
« Ma main, pauvre fruit vert encore,
Où as-tu grandi? où as-tu été cueilli?
Tu as grandi sur le sein de ta mère,
Tu as été cueilli au champ des Merles. »
Elle dit, et rendit son âme, souffle léger.

Je trouve autant de caractère à cette vieille ballade qu'à nos vieilles légendes bretonnes ou armoricaines, comme celle-ci : « L'herbe d'or est fauchée, il a bruiné tout à coup. » Combien de scènes comme celle des Yougovitch ont dû se passer après la bataille de Kossovo ! et soixante ans plus tard, quand le château de Prozor fut pris par les Turcs, la scène ne fut pas moins terrible. J'ai dit ce qui se passa, et en songeant aux atrocités que tout récemment encore les Turcs commettaient contre d'autres chrétiens, je trouve que l'Autriche joue en Orient un rôle que d'autres nations peuvent lui envier : elle a arraché aux Turcs la Bosnie et l'Herzégovine, et, unie à la Russie, elle est en voie de leur arracher d'autres concessions.

CHAPITRE III

LE PAYS DE RAMA

Les mahométans. — Voies romaines. — Mœurs populaires. —
Le cirque de montagnes du Stchit. — La messe du dimanche
dans le pays de Rama. — Les fêtes de Noël.

Nous voyons revenir peu à peu les anciennes
populations chrétiennes à leurs coutumes d'autrefois, bien que les Turcs soient encore nombreux à
Prozor et dans ses environs.

Actuellement, bien qu'il y ait en effet de nombreux chrétiens dans le pays de Rama, la moitié
environ est mahométane. De ma maison, devant
laquelle coulait le torrent de Prozor, je voyais à
heure fixe venir les Turcs faire leurs ablutions :
l'un se lave les bras, un autre les pieds, un autre
la tête, ce dernier sans s'inquiéter de savoir si
l'eau dont il se sert pour sa tête n'a pas déjà servi
pour les pieds de son voisin. Tous font exactement les mêmes ablutions, et exactement dans le
même ordre en marmotant des prières.

C'est aussi l'heure turque dont le cadran est

porté par une mince tourelle carrée, qui règle la vie à Prozor. Cette heure est très variable, car elle change chaque jour avec le lever du soleil et celui du gardien qui garde la mosquée voisine, qui en a la charge, et qui sonne les heures avec une cloche. Au lever du soleil, à midi, et au coucher du soleil, douzième heure, les balcons des minarets retentissent, l'un après l'autre, des voix des hodjas qui chantent à tue-tête de façon à être entendus du minaret le plus voisin. En outre, au temps du Ramazan, le pourtour des balcons des six minarets de Prozor est illuminé de chandelles toute la soirée ; c'est du reste presque le seul éclairage de Prozor, à part trois lampes à pétrole portées dans des cages de verre aux endroits dangereux, qu'on allume lorsqu'il n'y a pas de lune.

Même en pleins champs, les Turcs font leurs prières ; on voit souvent dans la campagne un Turc accroupi en prière, la face contre terre ou les bras au ciel, et si l'on approche, on entend des aspirations gutturales et les *la* répétés de la langue turque, comme dans la fameuse phrase :

Allah illahé ill' Allah ; we Mohammeden reçoul' Allah.

« Dieu seul est dieu ; et Mahomet est son prophète. »

VILLAGE ET TOUR DE PROZOR.

Quant aux femmes turques, il est impossible de les approcher; d'aussi loin qu'elles aperçoivent un homme, elles s'enfuient à toutes jambes dans leur cabane, ou bien derrière un arbre ou une haie si la maison est trop loin.

Les Turcs ont apporté avec eux l'amour des armes et de tout ce qui rappelle la guerre; aussi il fallait voir l'empressement de la population quand il passait à Prozor des régiments de cavalerie hongroise, allant manœuvrer en Herzégovine. Du reste, rien n'est saisissant comme d'entendre le soir les sonneries des trompettes dans le lointain. Les trompettes hongroises ont, surtout pour sonner l'extinction des feux, une sorte de mélopée lente d'un caractère à la fois fier et légendaire qui évoque des visions de cavaliers bardés de fer passant la nuit au milieu des gorges noires. Les chevaux et les sabres excitent au plus haut point l'enthousiasme des Turcs bosniaques.

Les montagnes qui environnent Prozor atteignent toutes d'assez grandes hauteurs; pendant neuf mois, je les ai parcourues dans tous les sens et à toute heure du jour et même de la nuit. Partout ce ne sont que des bois solitaires au fond desquels il faut passer, tandis qu'au-dessus du sol l'on aperçoit de grandes échancrures par lesquelles arrive, la nuit, la lumière de la lune, avec de grands courants d'air glacé qui saisissent. Il m'arrivait souvent de parcourir à cheval ces gorges profondes, dont les pentes sont couvertes par des bois touffus où abondent les loups, les sangliers et les ours. Mais des ours, on entend seulement les grognements et ces animaux ne sont dangereux qu'en hiver, après de longues périodes de neiges. On remarque souvent dans les hautes prairies de larges places où l'herbe haute est comme fauchée, et qui sont la trace des ébats des sangliers. Les hauts villages sont entourés de palissades pour défendre les potagers contre ces animaux et contre les loups.

Du côté d'Ouzdol, se trouvent aussi de curieux paysages. On trouve des tombeaux romains, et dans une grande combe solitaire un vaste tombeau palissadé, qui est, dit-on, celui d'un derviche mort depuis plusieurs siècles, et où l'on se rend en pèlerinage ; on lui attribue des guérisons merveilleuses. Ouzdol est un hameau tout en pente ; au delà, de grands arbres couvrent les collines, qui deviennent montagnes ; on longe sur le gazon la lisière des sapins ; plus on monte, plus la vue disparaît, voilée peu à peu, dans la saison où nous sommes, par le brouillard qui semble tomber.

Son humidité était telle un jour qu'il fallut revêtir nos manteaux. Le Bosniaque qui nous conduisait s'enveloppait dans un immense manteau rouge à capuchon, sans manches, mais percé d'un trou pour le tenir par le pouce : mon compagnon et moi, nous avions des caoutchoucs bizarres, l'un brun, l'autre noir avec un capuchon blanc. Ainsi encapuchonnés, nous devions avoir l'air, sur nos grands chevaux croates, à travers le brouillard qui fait flotter les contours et donne du recul aux paysages, de quelque chevauchée mystérieuse des inquisiteurs dans leurs cagoules.

C'est par ici que passe l'ancienne voie romaine qui partait de Salona, près de l'Adriatique, pour traverser la Bosnie ; elle évite Prozor, en passant à Doug, qui possède le seul minaret en pierre de tout le pays, et dont la blancheur tranche sur le vert des grands arbres. Cette voie, qui est empierrée en de nombreux endroits, est encore le seul chemin qui relie divers villages ; sa construction était si bien conçue, si rationnelle que l'on sera obligé de la suivre en bonne partie quand on fera le chemin de fer de Yablanitza à Trawnik.

Aux villages de Kouti et de Staro Selo (vieux village), sur les pentes des montagnes, s'étendent de vastes cimetières, où l'on remarque de nombreuses inscriptions romaines.

Tous ces endroits et bien d'autres plus difficilement accessibles m'étaient familiers. Pour aller aux mines, je passais à cheval dans des pentes si escarpées que je les aurais jugées impossibles avant de m'y habituer peu à peu. Je rencontrais alors dans des lieux inhabités de nombreux troupeaux de bœufs et de moutons, gardés par quelques pâtres, jeunes ou tout vieux. Après avoir fréquenté quelque temps les mêmes passages, j'étais devenu pour eux une vieille connaissance; ils m'accueillaient par des cris, les jeunes gens du moins, les vieux riaient, puis ils chantaient des mélodies croates. Je leur trouvais, je me rappelle, des regards charmants, des sourires enfantins sans arrière-pensée. Il n'est que trop vrai qu'en tout pays, si l'on veut trouver quelqu'un de confiance pour une mission difficile, dangereuse ou secrète, il faut s'adresser à un jeune homme : lui seul n'y met pas d'égoïsme, j'en sais quelque chose; on peut sacrifier tant de choses quand on est jeune !

Parmi ces sauvages gamins des montagnes, il y en eut un, nommé Jeanni, qui s'apprivoisa davantage; il était plus hardi, et peut-être plus intelligent que les autres. Je m'arrêtais volontiers quelques instants pour lui faire chanter une mélodie complète, et je lui répondais par des airs français, non populaires (nos chants modernes populaires sont si laids! la Révolution a gâté le goût musical de nos paysans). Il voulait en savoir le sens, et il les retenait assez vite. C'est de ses chants que vient le charme que j'ai trouvé aux mélodies croates, charme que nul ne peut leur donner que celui qui les chante dans leur langue; ces vieux chants transmis par la voie des générations qui se sont succédé ont mieux conservé leur expression primitive et leur naïveté. C'était mon plaisir d'alors de les entendre dans ce cadre si vert et répétés par les échos des montagnes bosniaques.

Je me rappelle un certain jour où nous fûmes surpris au sommet du col de Maïnik par une pluie torrentielle. Il descendait avec moi. Tout le long de la descente, il me donna le bras, tandis que je tenais mon cheval derrière nous par la bride, et nous chantions à tour de rôle des chansons sous la pluie; ce jour-là, je ne trouvai pas le temps de maugréer contre elle, je trouvai même qu'elle nous faisait un très doux accompagnement.

Il nous arriva une autre fois de parler de la

mort, et comme beaucoup de simples, peut-être, il me parut la regarder comme la fin de tout. Cela me frappa, et je cherchai quelle preuve lui donner de l'au-delà. Je m'acharnai à l'idée du but nécessaire à toute la création qui nous entourait; mais des idées philosophiques à exposer en croate, c'était une entreprise ardue; pourtant j'en fus récompensé, car il me dit : « Je n'avais jamais entendu parler comme cela (était-ce mon galimatias); mais puisque vous me le dites, vous qui êtes un savant, et puisque je le comprends, je le crois aussi. » Après tout, l'idée de l'au-delà, bien qu'elle oblige à se bien conduire, est une idée agréable. Mais je ne songeais guère à rire de cette confiance charmante. Je lui demandai si cette conversation l'intéressait, et il me dit une parole expressive : « Mettez la main sur ma poitrine. » J'en étais ému, je compris cette foi ardente des premiers chrétiens qui leur faisait braver le martyre. Quand on est jeune, on aime avec passion les histoires de martyrs, et de là à le souffrir avec héroïsme, il n'y a pas loin.

Si Prozor est la capitale du pays de Rama, la partie la plus fertile et la plus peuplée est au delà de Prozor : c'est le cirque de montagnes du Stchit, où naissent toutes les sources de la Rama. Pour aller de Prozor au cirque de Rama, on laisse cette rivière, que Prozor domine déjà de trois cents mètres, traverser des gorges inaccessibles, et l'on suit un chemin accidenté entre des bois touffus. A mi-chemin, on croise la plus grosse des sources de la Rama, qui va faire tout le tour du vaste cirque. Longeant ensuite une ondulation de la base des montagnes, la route franchit un col sous bois, puis descend en serpentant. Cette route, parcourue au grand galop sur les petits chars du pays, fait l'effet d'un vrai casse-cou. Ces chars ou *araba* sont des cages en bois sur quatre roues dont les moyeux sont reliés à l'écalage par des membrures en écorce tordue. Il n'y a ni ressorts ni frein : montées et descentes, contours brusques, rochers, ruisseaux, fondrières, tout est enlevé du même train d'enfer ; on se demande comment la frêle machine résiste aux soubresauts, et comment les chevaux ne butent jamais. Aux descentes, le cocher, loin de ralentir, presse le mouvement, excite ses bêtes, et profite de la vitesse acquise pour la montée qui suit. On s'habitue à ces courses vertigineuses ; on finit par ne plus faire attention aux accidents de terrain, qui disparaissent comme emportés dans un tourbillon où on ne peut plus rien démêler.

La plaine de Stchit, dans le cirque de Rama, entourée de montagnes hautes de seize à dix-huit cents mètres, est animée de plusieurs villages : Podbor, Varvara, Riptchi, Plotcha. C'est donc là le véritable pays de Rama, défendu par des gorges étroites et par la citadelle de Prozor. Presqu'au milieu, à Stchit, une grande église blanche et un couvent de franciscains, entourés d'un bouquet d'arbres, attirent de partout les regards, et sont bien le centre moral du pays de Rama.

C'est là que les dimanches et les jours de fête on se réunit de tout le pays, et même de fort loin au delà, car les couvents de franciscains sont clairsemés en Bosnie; le plus voisin d'ici est à Gorny-Vakouf, à neuf ou dix heures de marche à travers les hautes montagnes. A cause des distances, les franciscains vont parfois dire la messe au milieu d'un de ces vastes cimetières qui couvrent le sol : rien de pittoresque alors comme cet autel dressé en pleins champs sous une voûte verte, entouré d'une foule bigarrée, et de tout un autre peuple de pierres debout, comme celles de Karnac : des pierres tombales terminées en turban pour les hommes, en pointes émoussées pour les femmes, sans une clôture. Le gazon pousse partout, et parfois les tombes envahissent les rues mêmes des villages. Le Père franciscain voyage sur une mule ou sur un cheval, escorté de l'enfant de chœur, qui porte sa robe rouge.

Mais le plus souvent, la messe se dit à Stchit. Dès le matin, les gens arrivent de tous côtés, les uns à pied, les autres à cheval, et leurs petits chevaux entourent tous les abords de l'église en mangeant côte à côte leur avoine sous les arbres ou au grand soleil.

L'église est un vaste bâtiment en pierre, à trois nefs séparées par de massifs piliers en granit. La charpente de la toiture, en bois, forme la voûte d'où pendent des lustres en bois et en cuivre ouvragé. L'intérieur, tout blanc, n'offre aucune ornementation, et paraît d'autant plus vaste ; il est éclairé par de grandes fenêtres carrées. Au fond de la grande nef, à peine plus profonde que les nefs latérales, s'élève l'autel, surélevé de quelques marches. Il n'y a pas plus d'ornements à l'extérieur : la façade cependant a une apparence particulière par la présence de quelques bas-reliefs aux trois portes, à la rosace et au fronton, et encore la régularité est-elle rompue par la convergence des pentes du toit central et des toits des nefs latérales. Le clocher manque encore ; les cloches sont suspendues dans un clocher en charpente, à quelque distance à droite de l'église. Derrière, s'étendent les jardins, la ferme et le couvent des franciscains.

Dès neuf heures, les cloches sonnent, et leur carillon semble d'autant plus gai qu'elles sont pour les pauvres Bosniaques comme un symbole de leur délivrance. Les Turcs les avaient interdites pour ne pas troubler la prière musulmane, et les chrétiens étaient réduits à annoncer leurs offices en frappant sur des planchettes, ce qu'ils faisaient encore il y a vingt ans. Aussi l'enthousiasme est encore loin d'être éteint, et les dimanches et jours de fête, hommes, femmes et enfants arrivent vêtus de leurs plus beaux costumes; en été les costumes sont de couleurs plus claires qu'en hiver. Par-dessus le pantalon blanc flottant descendant à mi-jambe, passe la chemise blanche. Le buste est ceint d'un gilet rayé bleu et blanc à manches collantes, ou simplement de la chemise à manches bouffantes, et d'une veste bleue ou jaune sans manches ni boutons, brodée sur les bords. Les jambes et les pieds sont nus ou entourés de gros bas de laine épaisse retombant sur les *opanké*, chaussure toute en cuir. La tête est coiffée du turban ou du fez rouge ou blanc. Tous sont rasés, comme les Turcs, sauf une longue mèche partant du sommet du crâne, s'enroulant avec le turban, qu'elle termine au sommet par une aigrette de cheveux comme par le plumet d'un Mohican.

Les jeunes gens et les enfants mêmes ont la tête rasée ; mais ils portent le fez, qui cache entièrement leur future aigrette de cheveux, encore insuffisante, et le fez rouge ou blanc fièrement posé sur ces jeunes figures, au teint encore délicat, non bruni par le soleil, fait l'effet le plus agréable, rehaussé encore par ces costumes élégants aux couleurs voyantes.

En hiver, le costume diffère un peu par les couleurs plus foncées, sans cesser d'être voyantes. Le pantalon bleu, très large, est plissé jusqu'aux genoux, et collant à la jambe, autour de laquelle il se boutonne ; il s'assujettit au-dessous du genou par des jarretières violettes ou blanches. Il est soutenu par une large ceinture rouge, bleue, ou aux trois couleurs slaves : bleu, blanc, rouge ; cette ceinture porte un sac de cuir où les Bosniaques mettent tous leurs objets précieux : couteau, tabac, monnaie ; autrefois elle était toujours garnie de pistolets à pierre et de poignards ciselés. Le gilet rayé bleu ou blanc, à manches collantes, est couvert par la veste courte rouge ardent ou bleue, souvent fourrée. Quelques-uns, les richards, portent de grands manteaux de fourrure dont ils sont très fiers ; la fourrure est presque une marque de dignité ; il en est qui la portent été comme hiver : ils en suent. En somme, les Bosniaques cherchent toujours à réunir sur eux leurs trois couleurs.

Le costume des femmes est loin d'être aussi élégant ; elles portent quelquefois une robe qui, consue par le bas comme un sac, ne laisse que deux ouvertures pour y passer les pieds, et fait ainsi l'effet d'un très large pantalon. Le plus souvent, elles portent une longue chemise blanche à manches bouffantes, et par-dessus une sorte de houppelande sans manches ni taille, de couleur claire, bleue ou jaune ; enfin une véritable dalmatique noire, taillée à angles droits sans aucune élégance. Quelques-unes portent des colliers de verre et une ceinture incrustée d'argent ou en soie de toutes couleurs. Les pieds sont chaussés de guêtres et des opankés, ou bien de bottes en maroquin rouge ; mais ce cas est assez rare, cette chaussure étant plutôt celle des femmes turques. La coiffure est une sorte de boisseau recouvert de blanc ou de rouge, tout plat, et tranchant avec la chevelure en tresses tombantes ou relevées, généralement très noires. Les femmes blondes sont rares, plus encore que les hommes blonds. Dans

COSTUMES BOSNIAQUES

la belle saison, presque tous, hommes et femmes ont la singulière habitude de porter des fleurs, surtout des fleurs jaunes, couchées sur l'oreille gauche : la fleur apparaît ainsi au niveau de la figure; cette coutume manque souvent de charme et de goût.

Les femmes ont beaucoup de fraîcheur; elles la conservent du reste en se préservant le visage du soleil par des voiles à l'exemple des femmes turques, mais sans se cacher comme elles à tous les regards. Les hommes ont les traits accentués; le visage ovale est intelligent; ils sont bien découplés, beaux d'allure et de taille; les jeunes gens ont le visage agréable et déjà décidé. Cependant tous ont les mouvements lents, et paraissent comme les Orientaux manquer de vivacité : ce sont des Orientaux avec le type slave.

Les musulmans portent les mêmes costumes, avec de légères différences; la tête entièrement rasée, et la ceinture verte, ou du moins une pièce de leurs vêtements de cette couleur verte du Prophète; quelquefois un grand manteau vert cintré descendant jusqu'aux talons. Ce sont des Slaves convertis à l'islamisme qui sont en train de revenir au catholicisme.

La réunion de tous ces costumes voyants, le

dimanche, aux alentours de l'église, est des plus pittoresques, surtout en été, par une belle journée de juin, où les couleurs de la nature rivalisent par la chaleur de leurs tons avec les couleurs rouges des turbans et des fez, les couleurs jaunes, rouges, blanches et bleues des costumes. De loin, les turbans rouges font l'effet d'un champ de pavots gigantesques. Quand on approche, on distingue de plus en plus les autres couleurs, on voit se mouvoir tout ce monde appelé à la messe par les sonneries allègres des cloches.

Rien n'est édifiant comme d'assister à l'office religieux avec ces populations, qui ont passé par tant de persécutions qu'elles sont restées semblables aux premiers chrétiens du temps des martyrs. Dans cette église nue, sans chaises ni bancs, mais débordante de monde jusqu'au delà des portes largement ouvertes par où le soleil fait tout ressortir en pleine lumière, où pénètrent les colombes et les hirondelles, qui font leurs nids dans les charpentes des nefs, on sent une foi profonde, celle des catacombes, le cœur de tout un peuple battant à l'unisson de celui du prêtre, chantant en chœur, femmes au milieu, hommes autour, répondant à chaque verset; lorsque les chants s'interrompent, on entend comme le murmure d'une prière qui vient de partout. A l'élévation, tous élèvent les mains, s'abaissent et se relèvent plusieurs fois jusqu'à terre, dans l'attitude de la plus complète adoration; aussitôt après, ils entonnent tous, divisés en deux chœurs, une sorte de mélopée sur trois notes élevées, divisée en deux parties, dont l'une finit à peine que l'autre recommence sur la même note; la hauteur des notes multiplie encore la puissance de ce chant sans orgue, qui monte et redescend avec monotonie comme une vague, faisant ressortir la puissance de cette foi. Le sermon repose le plus souvent sur les peines de l'enfer et sur les joies du paradis, ce qui est le plus approprié à ces peuples primitifs. A la fin de la messe, l'officiant annonce les fêtes et les offices de la semaine; s'il y a eu des quêtes, il lit la liste de ceux qui ont déjà payé leur cotisation, avec le montant; en un mot il dit, comme dans une conversation profane, tout ce qui regarde l'extérieur du culte et son entretien. Personne n'en est choqué, tout le monde écoute d'un air recueilli, et de fait les Pères franciscains obtiennent chaque année de nombreuses conversions.

Il y a, au reste, peu de différence entre la tenue extérieure d'un Turc et celle d'un catholique : mêmes habitudes de propreté, importées par le système des ablutions musulmanes, même coutume de se raser la tête, même superstition dans la vertu des amulettes, que les Turcs font souvent bénir par les franciscains, et que les enfants portent au cou, sur leurs vêtements ou sur le fez : serpents, poissons, griffes d'aigle, cornes de cerf-volant, etc. ; même manière d'appeler le Saint-Sépulcre et le tombeau du Prophète : Tjaba ou Kaaba, pèlerinages annuels à Jérusalem et à la Mecque ; même coutume de consacrer de grands espaces au cimetière.

On cite même, à propos de ces rapprochements de mœurs entre Turcs et chrétiens, une légende populaire, qu'on a également trouvée en Serbie, et dans les pays où les religions ont été constamment mêlées.

On enterre le mort musulman avec trois pièces de monnaie dans sa main gauche : c'est son talisman pour se faire ouvrir les guichets du paradis.

Lorsqu'il frappe à la porte, le portier, saint Pierre naturellement, même pour les musulmans, passe sa tête au guichet, et lui demande :

— Qui es-tu?

— C'est moi, Peter Yankovitch, de la Bosnie.

— Qu'est-ce que tu viens faire ici, avec ton turban? Va-t'en au Paradis de Mahomet. C'est au fond du ravin, là-bas; il y a rendez-vous de toutes les houris. Mais elles ne sont pas aussi fameuses qu'on te l'a dit dans le Koran.

— Hélas! je n'y connais personne, là-bas; tous mes ancêtres sont ici, ouvre-moi donc.

Et il tente de fléchir saint Pierre avec ses pièces de monnaie, qu'il tire l'une après l'autre. Si à la troisième saint Pierre est intraitable, Peter Yankovitch fait un tel vacarme que, pour avoir la paix, le portier lui ouvre le ciel. C'est donc vrai que le ciel appartient aux violents, et si Turcs et Bosniaques s'entendent bien sur la terre, on ne voit vraiment pas pourquoi ils ne s'entendraient pas dans le ciel.

Cependant dans certains villages la bonne intelligence n'est pas si grande; il y a deux quartiers bien tranchés, l'un pour les Turcs, l'autre pour les chrétiens. Ceux-ci, les raïas, ont gardé rancune aux musulmans de leur ancienne domination et des mauvais traitements qu'ils en ont reçus. On en cite qui sont allés à Constantinople se faire musulmans pour pouvoir se venger d'une injure; puis, l'injure vengée, qui sont revenus au christianisme. La haine des Turcs a produit plusieurs bandits qui se sont rendus redoutables. Quant aux Turcs, ils en veulent aux chrétiens de ne plus pouvoir les piller impunément et d'être obligés de travailler pour vivre, ce qui coûte à leur paresse. Les plus vigoureux sont maintenant les chrétiens.

Les chrétiens se sont remis à célébrer librement leurs fêtes de la même manière naïve qu'ils les célébraient au moyen âge. Ce sont des époques de réunion pour les familles, dont les membres éloignés se rapprochent. La plus belle fête de l'année est celle de Noël. Elle emprunte ici plus de charme encore au beau cadre de montagnes dans lequel elle se passe. J'ai eu la chance d'assister à plusieurs particularités de cette fête, mais bien des rites sont tout à fait intimes : ils m'ont été racontés tout au long par Lucas Gartchik, de Foïnitza, avec lequel je me suis plus tard entretenu des mœurs du pays. Voici ce qui se passe.

On ne dit pas de messe de minuit, à cause des grandes distances de certains villages, parce que le pays est couvert de neige, et les chemins, déjà difficiles, seraient dangereux la nuit en hiver. Plus de huit jours avant la fête, tout le monde s'y prépare, les uns dans la maison, les autres au dehors, comme nous allons le voir tout à l'heure.

Cette année-là où je séjournais en Bosnie, l'hiver avait été particulièrement froid et neigeux : la glace, le givre, outre la neige, recouvraient tout d'un blanc uniforme; les rameaux les plus minces de tous les buissons étaient enveloppés d'un inextricable réseau de gaines gelées, et leurs mailles transparentes faisaient un enchevêtrement de dentelles éblouissantes, recouvrant en berceau les sentiers. Le vaste cirque, argenté par les reflets de la lune sur la glace et la neige, et tout l'amphithéâtre des montagnes étaient piquetés çà et là de points brillants qui marquaient seuls la place des maisons. Personne sur les chemins ces nuits avant Noël, pas un être animant le paysage gelé; la nature morne avait l'air de reposer; toute la joie était à l'intérieur des pauvres huttes, dans la famille, rendue plus intime et plus profonde par le contraste avec l'inhospitalité du dehors.

Dans la maison, la mère de famille et ses filles s'occupent du repas de Noël : les unes pétrissent la farine que l'on apporte du moulin, les autres vont au village chercher du sucre et des épices. Quant aux garçons, ils font ce que leur ordonne le père, dont l'autorité est indiscutée dans la famille; ceux qu'il désigne partent pour la forêt choisir et couper un bel arbre de Noël, un jeune sapin, le seul arbre vert au cœur de l'hiver; ils doivent en même temps recueillir la résine pour faire des torches. Les autres jeunes gens vont avec leur père dans la montagne pour couper cinq bûches qu'on appelle dans le peuple « *veselyaka*, les joyeux frères ». C'est l'opération importante; aussi se fait-elle avec grand soin, et ceux qui en sont chargés en sont-ils fiers. Ils se lèvent de grand matin, car il faut souvent aller bien loin; comme ils doivent passer la journée dehors, ils emportent un gâteau de froment et une demi-bouteille de rakia (eau-de-vie) dans les poches de leur ceinture de cuir. Avant leur départ, ils boivent un verre de rakia, tandis que le père leur parle ainsi : « Bonne santé aux garçons qui vont cette année chercher les joyeux frères; que pendant de longues et joyeuses années ils les apportent bien portants et gaiement à la maison, et que la maison en soit toujours saine et gaie, *ako Bogda,* si Dieu l'accorde. » Ces derniers mots sont la formule générale qui termine chaque vœu; les assistants doivent toujours répondre *Amen* en vidant leur verre. On donne un petit verre même au plus jeune des enfants.

Alors ils partent gaiement par la nuit, et peu à peu leur nombre s'augmente des amis qu'ils surprennent en chemin ou sur la montagne. Le ciel est gris, mais tous sont de bonne humeur; la marche et le froid piquant stimulent la gaieté et colorent les joues. Arrivés dans la forêt, ils abattent les bûches à la hache et lorsqu'ils ont achevé leur travail, tous se réunissent, fussent-ils même de plusieurs villages, pour dîner ensemble. Ils s'assoient auprès d'un bon feu sur les troncs qui émergent de la neige et sur les bûches coupées, au milieu des forêts sans feuilles. Chacun tire sa bouteille de rakia et boit à la santé des autres ; les montagnes engourdies retentissent de leurs appels et de leurs chants qui réveillent les échos endormis. Mais il faut partir, car la nuit vient vite en hiver ; ils chargent alors les joyeux frères : ce sont cinq bûches non dégrossies, de bois de bouleau en général ; trois d'entre elles, longues de deux aunes et demie, s'appellent les *vrais joyeux frères* ; les deux autres, longues seulement d'une aune, mais plus grosses, s'appellent les *oreillers*. Les bûches chargées, on se salue et chacun rentre de son côté en chantant gaiement. Autrefois les armes chargées retentissaient de tous côtés ; aujourd'hui l'on n'entend plus que les sons du cornet à bouquin.

Il est minuit quand on rentre au village ; mais on s'arrête tout de même un instant devant chaque maison pour en saluer les hôtes, boire un verre et casser quelques noisettes. En arrivant devant la maison, on décharge les bûches et on les adosse contre la muraille extérieure, près de la porte ; on place les *vrais joyeux frères* debout dans la position où ils ont crû, et sur leur tête on appuie les deux *oreillers*. Tout ceci doit être fini l'avant-veille de Noël.

La veille de Noël, toute la maison est balayée, et après avoir préparé la pâte qui doit devenir le gâteau de Noël, la maîtresse de maison et sa servante ou ses filles apportent de la paille ou du foin ; elles en font une grande tresse en parcourant les chambres, dont le plancher se couvre ainsi de brins de paille. Elles répandent en même temps par dessus la paille des noix et des noisettes en faisant « cot, cot, cot », comme des poules. Derrière elles, les enfants courent en se disputant les noix et les noisettes, en faisant « piou, piou, piou », comme des poussins. La paille doit rester trois jours dans la maison sans être balayée ; quant à la tresse, la maîtresse la jette devant la maison ou dans la cour, répand du blé par-dessus et appelle les poules. Pendant qu'elles picorent leurs grains, elle leur en jette encore en disant trois fois : « Comme vous avez picoré ensemble, ainsi devez-vous pondre ensemble. » La tresse restera ainsi jusqu'au Nouvel An ou Petit Noël, comme on dit en Bosnie.

Le matin même de la veille de Noël, le père et

son berger ou son fils sont allés au pacage avant le lever du soleil pour y choisir une ou deux brebis suivant le nombre de personnes qu'il y a dans la maison. Ils les ont abattues, dépouillées et salées; elles doivent faire la partie principale du repas de Noël. Le reste de la journée est consacré aux travaux ordinaires. Vers le soir seulement, on apporte les bûches de Noël et on les dispose d'une manière spéciale sur le foyer. Le père apporte lui-même les deux *oreillers* et derrière lui viennent ses fils avec les trois *joyeux frères*. Tandis qu'ils franchissent le seuil de la cuisine, la maîtresse de maison leur jette du blé en leur disant : « Bonsoir ». Ils répondent : « Soyons heureux », et le dialogue continue : « L'heureux soir de Noël. — Soyons toujours unis. — Demain Noël et tous les jours suivants, *ako Bogda*, si Dieu l'accorde ».

On dépose alors les cinq bûches et on les place sur l'âtre, les deux *oreillers* à chaque extrémité du foyer et les trois *joyeux frères* reposant sur eux. Quand elles sont ainsi placées, le maître prend un verre et se tournant vers les bûches : « Que cette année les joyeuses bûches soit joyeusement arrosées. Dieu veuille que les garçons, nos jeunes braves, soient toujours et toujours gais,

gais au travail et gais au jeu, *ako Bogda*. » On répond *Amen*, et il poursuit : « Heureux soir de Noël, brûlez gaiement, mes bûches; qu'autour de vous les garçons boivent la joie dans des vins joyeux, que le bonheur et Dieu nous favorisent, *ako Bogda* », et l'on répond *Amen*. Alors le maître boit la moitié de son verre, et avec ce qui reste il asperge trois fois les bûches en signe de croix; puis, tous ensemble, entonnent l'air : « *Monogaia lieta*, beaucoup d'étés », dont ces paroles se répètent indéfiniment. Après le souper, les catholiques font la veillée de Noël autour du sapin enguirlandé et éclairé par les torches. C'est ce soir que brûlent les cinq joyeuses bûches. A Rama, le plus grand nombre étant catholique, toutes les montagnes sont illuminées par les feux de joie et les lumières des maisons.

Puis ces braves paysans ont conservé les coutumes suivantes, comme leurs coreligionnaires de la haute Herzégovine. Le soir, après la prière, ils vont de suite dormir, car ils se lèvent de grand matin le jour de Noël; c'est la journée la plus remplie. Au champ du coq, on décharge les armes; puis on apporte la brebis pour la faire rôtir. On lui passe dans le corps une longue tige de bois servant de broche et enduite de suif pour empêcher le bois de sauter. On allume les bûches et l'on tourne et retourne la brebis sur le feu; tout à côté, dans un bassin de cuivre, la maîtresse de maison a mis de l'eau et du sel, et pendant que la brebis est en train de rôtir, elle en détache la graisse qu'elle fait tomber dans le bassin pour la mélanger au gâteau de Noël, dans lequel elle introduit une pièce d'argent; celui qui la trouvera sera le roi de Noël : cela rappelle notre gâteau des Rois.

Pendant toute la durée de la cuisson, les garçons chantent toutes sortes de chansons; celle-ci est la plus fréquemment reprise :

A Noël trois couteaux, veselo, veselo (gai-gai)
A Noël trois couteaux, koledo, koledo :
Avec l'un coupe la brebis, veselo, veselo,
Avec l'un coupe la brebis, koledo, koledo,
Avec le second, coupe la tête de la brebis, veselo, veselo,
Avec le second, coupe la tête de la brebis, koledo, koledo,
Avec le troisième, coupe le gâteau, veselo, veselo,
Avec le troisième, coupe le gâteau, koledo, koledo.

On s'assure de temps à autre si la brebis est rôtie à point en introduisant le doigt dans un des pieds de l'animal; elle est à point lorsqu'on sent au doigt une brûlure. On la retire alors du feu et on l'annonce en tirant un coup de fusil.

C'est à peu près à ce moment que sonne l'heure de la messe; tous s'y rendent dans leurs plus beaux habits; les fourrures ont là l'occasion de se montrer. Après la messe, on a coutume de se saluer, non plus en se disant : « *Dobar dane*, bonjour », ou « *s'bogom*, adieu » ; mais : « Le Christ est né », et l'on répond : « Il est né en vérité ». En rentrant à la maison, le maître coupe l'épaule droite de la brebis, et il la partage entre tous : cela marque la fin du jeûne de Noël. On mange en même temps un morceau du pain bénit qui a été distribué à la messe de Noël.

Mais la brebis n'est pas encore découpée; elle ne doit l'être que par un personnage qu'on appelle le visiteur. Celui-ci doit en découper l'autre épaule et tirer des détails de sa conformation les augures pour l'année qui va venir. C'est habituellement quelqu'un de la famille, le parrain d'un garçon; dans quelques maisons, c'est un voisin. En entrant il salue tout le monde, et la maîtresse de maison lui jette de la farine de blé; il en prend à son tour et la renvoie à la maîtresse de maison en lui disant : « Le Christ est né, qu'heureux soient pour vous Noël et les jours qui suivront. » Tout le monde lui répond : « Sois heureux, toi aussi, et que ta visite nous porte bonheur. » Le visiteur s'approche du

foyer; il prend dans ses mains deux bûches à demi
consumées, et les frappe l'une contre l'autre de
manière à faire jaillir des étincelles, et tout en
frappant, il dit : « Autant d'étincelles jaillissent de
ces bûches, autant chez mon frère que la brebis
produise d'agneaux; tant d'étincelles, autant, chez
mon frère, que la chèvre produise de chevreaux;
tant d'étincelles, autant, chez mon frère, que la
vache produise de veaux et de génisses, *ako
Bogda* » et tous deux répondent *Amen*.

Il a frappé ainsi toutes les bûches les unes sur
les autres. Il dépose ensuite sur le foyer une
pomme, la pomme de discorde, que se partage-
ront plus tard ceux qui sont brouillés ensemble,
et une pièce de monnaie, un talidjer, ou au moins
un zwanzig (cinquante centimes), s'il est pauvre.
Le maître prend cette pièce et la dépose dans la
jatte où se trouve le froment qui a été jeté au visiteur à son entrée.

Tous font cercle autour du feu en s'asseyant, le
visiteur à côté de la maîtresse de maison, et on
leur sert du café et du rakia.

Mais le moment est venu de procéder à l'opération importante, celle qui consiste à tirer les
augures de la brebis. Le maître se lève le premier,
il coupe l'épaule droite de la brebis à la jointure,

en faisant bien attention que le couteau ne pénètre pas dans l'os et ne le touche pas dans l'intérieur de la jointure : cela empêcherait de lire les augures, comme nous allons le voir. Il se fait apporter du vin par un de ses garçons, et il boit au visiteur en disant : « A ta santé, heureux visiteur. Dieu nous accorde que cette entrevue soit le présage d'une joyeuse année, comme le fut la rencontre du Christ et de Jean dans les eaux du Jourdain ! Qu'un jour vienne, où un vaillant cœur aimera un beau visage, que le bonheur et Dieu nous protègent, *ako Bogda.* » — « *Amen* ». Le visiteur vide son verre, prend l'épaule découpée, et se prépare à dire la bonne aventure, c'est-à-dire si la famille restera entière ou si l'un de ses membres mourra dans l'année; s'il y aura un voyage : quelqu'un partira-t-il, ou un absent rentrera-t-il? comment se passera l'année : sera-t-elle fructueuse ou stérile, comment se porteront les troupeaux, la guerre éclatera-t-elle dans l'année? etc.

Il tire tous ces présages de la conformation des os et de la jointure de l'épaule, et voici la signification de chacune des particularités qu'il y rencontre ; je traduis ces détails de notes de Lukas Gartchik, rédigées en langue serbe :

« La jointure de l'épaule s'appelle la maison ; si

elle est pleine, la maison sera pleine et l'année fructueuse; si elle est creuse, l'année sera mauvaise, et la maison se videra, c'est-à-dire qu'il y aura des morts dans la famille. Lorsque la jointure est creuse, on regarde si elle a des trous semblables à des piqûres de couteau ou d'épingle; un trou figure un tombeau : quelqu'un de la famille mourra. Mais il faut encore une autre condition pour être sûr d'une mort : il ne faut pas que le trou soit sur le bord de l'épaule, mais du côté de la moelle, et qu'il y ait une fente. Si on peut presser la fente jusqu'à la première phalange du doigt, il y aura alors sûrement un mort dans la maison. Une petite fente figure un enfant, une grande fente figure une grande personne.

« Si, dans la jointure, un tissu n'est pas en ordre, c'est le présage d'un voyage; si c'est un tissu large, cela indique le départ de quelqu'un de la maison, quelqu'un des parents; si c'est un tissu mince, c'est une jeune fille de la famille qui s'en ira.

« Si un tissu irrégulier est plus large vers le sommet de la jointure, cela indique la venue d'un étranger ou d'un parent dans la maison, c'est-à-dire que quelqu'un viendra chercher femme, ou qu'un absent qui était au loin reviendra.

« Une veine de l'épaule vers la jointure s'appelle une bride de cheval. Si la veine est polie et simple, c'est un rêne solide, le présage d'un bon cheval ; si elle est mal polie et à plusieurs branches (veines bifurquées ou trifurquées), l'année sera mauvaise pour le cheval.

« Dans l'épaule, s'il y a, autour de l'os, une peau semblable à de l'albumine d'œuf, le visiteur prédit que la famille aura une dette envers le monastère ou envers la mosquée ; elle ne pourra pas payer ses redevances.

« Au milieu de l'épaule, immédiatement sous la jointure, on regarde la place du berceau : un trou en ce point signifie un berceau. Si le trou est du côté du dos, il naîtra un garçon ; s'il est près de la moelle, il naîtra une fille ; s'il est en bas de l'épaule, si en enfonçant le doigt jusqu'à la première phalange, on ne peut le serrer contre le sommet de l'épaule, c'est dans la parenté que doit naître un enfant.

« L'os qui part de la jointure de l'épaule s'appelle la croix. C'est du côté de cet os qu'on examine l'avenir de la fortune, depuis l'extrémité jusqu'à la jointure. Une bosse à l'extrémité de la croix signifie une dette, et une bosse située plus haut signifie de l'argent comptant à recevoir. S'il y a de petites dents à l'os de la croix, c'est que la fortune est sur la voie de la ruine.

« Le visiteur soulève l'os de la croix pour étudier le parc à brebis, ou bien le commerce. Si l'os est poli et clair, il annonce un parc vert et riche ; s'il est terne, il dit que le nombre des brebis continuera. Si à travers la croix il y a un mince fil rougeâtre allant vers la jointure (ou maison), cela démontre le progrès des affaires ; si ce fil s'éloigne de la maison, malheur au troupeau et au commerce. La menace de malheur varie suivant que le fil va plus ou moins loin de la maison.

« La surface qui recouvre la croix s'appelle l'aire. Si elle est large, l'année sera fertile en blé ; de même si l'os de la croix s'y embrouille du côté de la maison, mais si c'est de l'autre côté, l'année sera stérile.

« A la base de l'épaule, le visiteur examine l'état du troupeau à cornes ; chaque trou représente une bête à cornes.

« Près de la croix et du côté de la base, ce sont les abeilles, et chaque trou signifie une ruche.

« Si l'os situé au-dessous de la croix est pointu, c'est un signe de malheur pour la maîtresse de maison. Autour de cet os, sous la jointure, il y a deux petits trous, l'un dirigé vers l'intérieur, il figure le maître de la maison ; suivant qu'il va vers la maison ou qu'il s'en éloigne, le visiteur dit : « Il demeurera » ou bien « il ira en voyage ». S'il n'y a pas de trou, il n'y aura aucun changement à l'état présent.

Pour l'autre trou, suivant qu'il va vers la maison ou qu'il s'en éloigne, le visiteur dit : « Vous garderez le parc », ou bien : « Le voleur ou le loup emportera quelque bête. »

« La base de l'épaule sert à prédire le sort des bœufs : si cette base est large, les bœufs seront bons ; si elle est mince, ils seront mauvais. S'il y a une cassure, un bœuf crèvera, et le maître n'aura pas de quoi labourer.

« L'espace compris entre la place du joug et la jointure, depuis l'extérieur de la croix jusqu'à la moelle, représente les champs ; c'est là que l'on étudie s'il y aura une guerre. La croix figure le pays, l'ennemi est à la moelle ; suivant qu'il y a un nuage vers l'extérieur ou vers la moelle, l'ennemi sera vaincu ou vainqueur. Suivant que les tissus sont plus minces ou plus épais d'un côté que de l'autre, l'armée du pays ou l'armée ennemie aura le pouvoir sur le pays. Les traités de paix sont figurés par les bornes du nuage ; si elles sont nettes, il y aura une assemblée du peuple et conclusion de la paix.

« Lorsque le nuage s'étend sur les champs entiers et va jusqu'à la place du joug, cela ne signifie pas des armées, mais simplement le temps qu'il fera : la pluie, la neige, le vent, etc. Les trous qui sont sous le nuage au bas des champs représentent les gens ruinés ; les grands trous figurent les grands personnages, les petits trous figurent les petites gens.

« Suivant que les trous sont plus ou moins près de la jointure ou maison, ces événements arriveront plus tôt ou plus tard. Dans la bouche du peuple, le peuple est toujours près de la croix et l'État près de la tête ; ainsi la présence d'un nuage d'un côté ou de l'autre figure un malheur pour le peuple ou pour l'État. »

Cet examen des os de l'épaule dure fort longtemps ; on passe le temps en buvant des verres de rakia. A la fin, on remercie le visiteur et il part. Ensuite le maître de maison retire la broche de la brebis, et il en frappe le dos à tous successivement, en commençant par sa femme et demandant à tous : « Les poules pondent-elles ? » et on lui répond : « Elles pondent ensemble dans la cour. »

Le maître découpe alors la brebis : il enlève d'abord l'épaule gauche, que l'on mange avant le repas ; puis les cuisses et la partie inférieure du dos. Les garçons découpent le reste. Quant à la tête et au cou, ils doivent rester pour le *Petit Noël*, ou Nouvel An.

Le temps qu'ont duré tous ces pronostics a singulièrement aiguisé les appétits; aussi l'on met vite la table pour le dîner. Outre la brebis, on sert une ample provision de *kalja* (viande sèche avec de la choucroute). Avant de s'asseoir, tous, jusqu'aux petits enfants, prennent dans la main un cierge ou une chandelle de suif allumés; on fait ainsi la prière, puis on entonne l'air : « *Rodzestvo tvoje*, à ta naissance. » Chacun s'avance à son tour, le plus âgé le premier éteint sa chandelle en la remettant au maître de maison et entame avec lui ce dialogue : « La paix de Dieu soit avec vous. — Le Christ est né. — Il est né en vérité. — Adorons Dieu et le Christ Enfant. » — Lorsque tous ont passé, le maître a en main toutes les chandelles; il les lie ensemble avec un fil de soie rouge, les dispose dans un plat de froment qu'il place au sommet de la table, et tous s'assoient autour, les plus jeunes au bas bout de la table.

Le dîner s'ouvre par le gâteau de Noël. Le maître le découpe en autant de morceaux qu'il y a de personnes, et il remet à chacun sa part en disant : « Ceci à Peter ou Pero (diminutif); ceci à

Voïtich (Albert), ceci à Sretzko (Félix), ceci à Miroslav (Frédéric), etc. »

A chaque morceau, tout le monde s'empresse pour voir s'il ne contient pas la pièce d'argent, car celui qui l'aura sera le plus heureux de l'année, il est le roi de Noël. Lorsqu'il a tout distribué, le père prend son verre et prononce un petit discours de ce genre : « A votre santé, à vous tous autour de cette table, et à la santé du roi. Soyons toujours unis comme aujourd'hui, et fêtons gaiement Noël, comme les bergers se réjouirent au premier Noël. Travaillons sans relâche et sans craindre la fatigue, et demandons l'aide de Dieu et du Christ Enfant; ainsi nous passerons une année heureuse, *ako Bogda. — Amen.* » — Et tous les assistants vident leur verre jusqu'au fond.

A la fin du repas, le père reprend les chandelles et les allume, en disant : « Que ces cierges soient pour nous le présage du bonheur, etc. » Et tous regardent les flammes : si elles montent, la montagne sera fertile; si elles s'inclinent, c'est la plaine qui sera fertile. Et le père jette trois fois du froment dans la direction qu'indiquent les flammes, en disant chaque fois : « Que le blé pousse quand l'été naîtra. » Et l'on répond *Amen.*

On conserve les miettes de la table du dîner,

qui seront utiles aux enfants en cas de maladie; la graisse de la brebis, qui doit préserver des querelles de famille; les os de la tête conservés dans les ténèbres préserveront du mauvais œil, c'est-à-dire des maléfices.

Les trois jours qui suivent Noël sont encore des jours de réjouissances. Le premier jour se passe à boire, manger, chanter, danser et conter des histoires. Le second jour, on dort pour se reposer des fatigues des nuits et des jours précédents. Le dernier jour, on va féliciter ses amis, on choisit ce jour-là pour se réconcilier d'anciennes querelles, en mangeant la pomme de discorde.

J'ai cité ces cérémonies jusqu'au bout parce qu'elles m'ont paru d'abord être un amusement; ensuite qu'elles ont un but, en dehors de la superstition : leur souvenir peut éviter des querelles, et on a pu voir que chaque succès annoncé par un signe matériel est accompagné du conseil de travailler pour obtenir ce succès; chaque revers de même sera évité par le travail.

Ainsi il est possible de trouver un bon côté même aux superstitions : ce qui est seul dangereux, c'est de les interpréter par le fatalisme, et cela n'arrive qu'aux musulmans.

Je ne puis m'empêcher cependant de remarquer

combien il y a loin encore du degré de connaissance de ces populations à celui d'un peuple cultivé, et surtout à celui qui remplace la superstition par le calcul des probabilités. Le peuple bosniaque est loin encore de pouvoir produire des hommes de science, tandis qu'il y a plusieurs centaines d'années nous avons eu en France un homme comme Pascal qui, à trente ans, ayant fait les plus magnifiques découvertes de son temps, sur la voie du calcul intégral, abandonna tout cela comme une occupation inférieure, pour se vouer aux plus hautes questions religieuses. Évidemment c'est là l'inverse même des superstitions; mais on pourrait m'accuser de faire une digression et de mal parler des paysans bosniaques; j'avouerai en leur faveur qu'ils trouveraient beaucoup de leurs pairs chez nos paysans français.

CHAPITRE IV

LA VALLÉE DE PRIVOR

Gorny-Vakouf. — Nuits dans la montagne. — Privor, un poème populaire. — Le cimetière de Privor. — Ballade du Guslar. — Jours de fête.

De Prozor, une route nouvelle conduit à Privor : elle gravit en faisant d'immenses lacets un ravin escarpé et nu que sillonnaient déjà une ancienne route et le chemin turc presque impraticable, même aux mulets, tant la roche est usée et glissante : il n'y a plus de pareils chemins qu'en Albanie.

Le col de Maklen, où l'on arrive, se creuse entre de larges prairies bordées de bois touffus, montant peu à peu en masses profondes vers les sommets. Puis la route s'engage dans un long et étroit vallon enfermé entre des grands arbres. Bientôt ils laissent apercevoir les cimes neigeuses de la Vratnitza Planina, la plus haute chaîne de la Bosnie. Alors la descente s'accentue et l'on domine

VILLAGE DE GORNY-VAKOUF

la vallée verte, profonde et large de Privor et le village de Gorny-Vakouf.

Cette vallée donne une intense impression de calme, de sérénité : elle a la grandeur, la richesse du sol, les points de vue variés tantôt gais et riants, tantôt tristes et sombres. Gorny-Vakouf s'allonge paresseusement sur les rives du Verbas, rives très fraîches et très ombragées en cet endroit, et dont on goûte davantage encore la fraîcheur en été, lorsque le soleil parcourt en longue diagonale cette vallée, en y versant à flots sa chaleur.

Gorny-Vakouf n'est qu'une longue rue, assez large et propre, bordée de maisons basses aux toits pointus, très inclinés à cause de l'abondance des neiges en hiver, et couverts de planchettes de bois que le soleil fait éclater en été. Elle devait être la même autrefois, avec sa vieille tour de l'horloge, massive et carrée, munie de mâchicoulis, avec ses mosquées et ses grêles minarets de bois, grimaçant comme des monstres. On ne rencontre dans les rues aucun costume européen, car il n'y a pas d'employés, il n'y a même ni poste ni télégraphe. La plupart des habitants sont turcs : les *hodjc*, gardiens des mosquées, se pavanent dans leurs longs manteaux verts et leurs turbans blancs ; de nombreux enfants animent la rue avec leurs fez rouges et leurs mines éveillées : les fez rouges et les chemises blanches leur donnent l'apparence d'enfants de chœur en rupture de collège. La population me paraissait plutôt belle, et j'aimais cet accent guttural d'Orientaux.

En dehors du village, il y a quelques bâtiments modernes : l'école en pleine campagne, dont l'instituteur est turc ; la gendarmerie, de style turc, dans une île du Verbas, enfouie sous les grands arbres ; enfin une église catholique et un petit couvent de franciscains, au pied des collines. L'église est en planches et ses charpentes, prolongées à l'extérieur jusqu'au sol, ont l'air de la soutenir entre des échafaudages.

J'habitais à Gorny-Vakouf une maison turque au delà de l'école, en face d'une auberge tenue par deux vieux qui vivaient avec leurs petits-enfants orphelins. Cette maison était comme toutes les autres : l'écurie au rez-de-chaussée, les chambres au-dessus prolongées en surplomb de tous côtés. Là-haut, les fenêtres basses et nombreuses, garnies de petits carreaux s'ouvrant comme des judas, permettaient de regarder au travers, assis à la turque sur la natte du plancher : le plafond était en bois bruni par le temps, et le plancher, double et blanchi, ne laissait pas passer l'odeur des écuries. Les chambres n'avaient pour meubles que des bancs de bois le long des murs, pour s'asseoir ou plutôt pour dormir, et quelques tables. Mais chaque chambre avait son four de terre percé de creux pour augmenter la surface de chauffe. Les Bosniaques les chauffent si fort en hiver qu'il faut constamment ouvrir la porte ou les fenêtres.

La cuisine avait un foyer de pierre, mais pas de cheminée, la fumée s'en allait par le galetas et la toiture. La cour intérieure de notre baraque était pleine de tonneaux de *slivovitch :* cette liqueur, obtenue avec les prunes, *sliva*, distillées, est une spécialité des Bosniaques et spécialement de cette région des montagnes. Au bout de quelques années, grâce peut-être au tonneau, elle prend la belle couleur jaune et un peu le goût de notre cognac : si l'on n'en abuse pas, elle est très digestive.

En face de nos fenêtres était un jardin appartenant à un Turc : on pouvait goûter le plaisir, rare en pays turc, de contempler les femmes turques qui y venaient en visite, et passaient souvent leur après-midi sous l'ombrage, mais naturellement nous n'étions pas admis. C'était avec une joie enfantine que nous les épiions de nos fenêtres, de façon à rester invisibles, pour les voir se débarrasser de leurs voiles blancs, et même de leurs bottes en cuir jaune. Notre récompense était de voir des figures d'une grande fraîcheur de teint, et plutôt régulières, des mains qui n'avaient de remarquable que d'être invisibles dans la rue, et des pieds qu'elles traînaient nonchalamment sur l'herbe avec l'air de la caresser; il est vrai que ces bottes paraissaient les gêner beaucoup dans la rue pour marcher.

Gorny-Vakouf passait pour riche en mines de cuivre, grâce à sa spécialité de fabriquer des objets en cuivre ouvragé à la main : poignards avec fourreau, couteaux, amulettes, ustensiles de cuisine, moulins à café cylindriques terminés en demi-sphères, et ornés d'arabesques originales. Le café s'y réduit en poudre impalpable, et ce n'est qu'en pays d'Orient qu'on peut boire d'excellent café dans les plus pauvres auberges : il est plutôt fort, et le fond est plutôt boueux, mais ce dépôt se forme très vite et on n'est pas obligé de le boire. Dans les auberges turques, une tasse de café, petite il est vrai, ne coûte que deux sous.

On fabrique aussi à Gorny-Vakouf des cuillers, fourchettes et couteaux en bois incrusté d'ornements de cuivre. C'est fort original, mais je craindrais de les laisser longtemps séjourner dans l'eau bouillante. Un autre genre d'industrie que Gorny-Vakouf partage avec Prozor est la fabrication de tapis épais, en laine de mouton, très solides, et de couleurs aussi éclatantes que durables.

Au lieu de ces jolies choses, je ne pouvais m'empêcher de souhaiter aux habitants de la vallée de Privor des instruments aratoires en fer et en acier. Tous leurs outils sont en bois plus ou moins dur. La charrue, en bois, est quelquefois, mais pas toujours, munie d'une petite pointe en fer. On peut se figurer la peine du paysan pour enfoncer dans une terre, qui n'est jamais remuée qu'à faible profondeur, une charrue légère et dont le soc est si vite émoussé.

Les chars sont portés sur des essieux en bois, et des roues à jante en bois mal dégrossi : cette jante est formée de quatre morceaux de bois vaguement arrondis, formant ensemble un carré plutôt qu'un cercle. Les essieux grincent à grand bruit et le char monte et descend inégalement suivant la courbe des roues : de tels chars sont bons pour les moissons; je ne les vois pas faisant le service des voyageurs dans ce pays. Et à quoi servirait de faire de belle routes bien planes pour de pareils chars?

Les bœufs du pays sont les plus beaux que l'on puisse voir en Bosnie et même ailleurs. Cela s'explique parce que la vallée du haut Verbas est une des plus fertiles et des plus saines de la Bosnie. Chaque année, Gorny-Vakouf et la ville plus moderne de Bougoïno tiennent un marché, une foire de bestiaux et de chevaux : leur prix modique, quatre-vingts à cent cinquante francs, est un signe de leur abondance dans le pays; ils sont petits et n'ont pas l'allure des grands chevaux de race croate de mon compagnon M. Deskovitch. Seuls, les anciens grands propriétaires turcs entretenaient des haras de beaux chevaux et s'occupaient de leur élevage; mais, depuis l'occupation autrichienne, ils ont presque tous émigré en Turquie et en Arménie. Les Autrichiens prennent leur place, comme nous le verrons à Ilidgé, près de Saraïévo.

Gorny-Vakouf est entouré de vastes prairies, qui couvrent presque toute la largeur de la vallée et même les coteaux qui l'enferment, et sont toujours animées par de nombreux troupeaux de bœufs et de chevaux. Ces prairies cependant pourraient encore suffire à un bien plus grand nombre; mais en automne les troupeaux gravissent les montagnes.

La route se perd dans le lointain, toute blanche

entre les prés verts. Près de Gorny-Vakouf on remarque dans un bouquet d'arbres quatre tombeaux romains : ils sont formés simplement de deux pierres en calcaire-marbre, taillées l'une en table et formant le socle, l'autre en sarcophage. Elles sont de dimensions si énormes qu'on se demande comment on les a transportées jusqu'ici depuis la montagne de Bistritza, la seule où l'on trouve le même calcaire-marbre. Inutile de dire que, comme les cimetières turcs, ce lieu est hanté de corbeaux noirs, ou aux ailes grises, tels que je n'en ai vu qu'ici et en Transylvanie.

Aux environs immédiates de Gorny-Vakouf, on trouve déjà quelques minerais de cuivre, ce qui explique la vieille industrie du cuivre dans cette région : on peut y arriver en moins d'une demi-heure en suivant la rivière large et peu profonde, où pêchent constamment quelques jeunes gens sans souci du soleil. De la colline où se trouve le cuivre, ombragée de cerisiers, on embrasse tout le village de Gorny-Vakouf, allongé au soleil sous ses peupliers. Au delà, la vue s'étend sur toute la haute vallée du Verbas. Le fleuve resplendit au milieu comme une traînée d'or. La vallée et les montagnes étalent le vert des prés et le jaune des moissons. A l'est, une longue ligne violette tracée par les schistes et les marnes bigarrées (ceci pour les géologues!) tache même la terre végétale du voisinage. Au sud, les montagnes s'élèvent toutes noires de forêts de pins. Au couchant, à travers le col de Meïnik, on entrevoit d'autres montagnes blanches et bleues.

Je ne dirai que peu de mots du minerai de cuivre : il est en veines extrêmement irrégulières à travers la roche calcaire, qu'il tache de couleurs dorées, grises, vertes et bleues. En un seul endroit, dans une gorge voisine, on a pu le suivre sur quelques deux cents mètres par des galeries, et avec une certaine consistance. C'était près de la mine la plus anciennement exploitée : ce genre de minerai, tentant par sa richesse en argent, est une source fréquente de désappointements, dans ce pays comme en bien d'autres. C'est lui qui m'avait attiré à Gorny-Vakouf, et comme il ne m'a donné aucune satisfaction professionnelle, il est juste au moins que je tire un autre genre de satisfaction du pays où il m'a fait habiter, et que je tâche d'exprimer au lecteur le plaisir que j'en ai tiré.

En remontant la vallée depuis cette mine de cuivre, on traverse un plateau arrosé d'un cours d'eau formant de jolis petits lacs (ou yézéros), et au delà le calcaire-marbre renferme un autre métal, du manganèse, mais peu abondant encore. Puis en montant la vallée, les villages deviennent de plus en plus rares : on entre dans la région des sapins.

Là-haut, les rares huttes de paysans et leurs enclos sont entourés de hautes palissades qui sont destinées à empêcher les incursions des loups et des sangliers au milieu du bétail.

Il y a beaucoup de chevreuils dans ces forêts ; mais ils ne paraissent pas redouter vivement la présence de l'homme, car on les approche d'assez près : personne sans doute ne va les chasser à ces hauteurs, et le port des armes a été interdit par l'Autriche. Les gendarmes parcourent fréquemment les montagnes pour en finir avec les derniers brigands, fameux du temps des Turcs.

J'ai passé ma première nuit de ces montagnes dans un chalet du hameau de Smertchevitza : ma course avait été interrompue par une pluie torrentielle. Cette hutte bosniaque, bâtie sur la pente abrupte, avait, suivant la coutume, une écurie au ras du sol, et une chambre ou deux au-dessus, où l'on arrivait par un escalier extérieur et une galerie en bois. De cette galerie je contemplais mélancoliquement à travers la véritable lame d'eau que faisait la pluie, les forêts de pins et de hêtres qui dévalaient des pentes, et qui, lorsqu'arriva la nuit, disparurent dans un ruissellement continu.

Je me décidai à entrer et à prendre part au repas qu'on m'offrait généreusement. La salle était mal abritée de la pluie : elle filtrait à travers les poutres mal jointes du toit pour venir arroser nos mets. Les Bosniaques ne tiennent pas aux joints hermétiques : les fentes servent à faire échapper la fumée, car il n'y a pas de cheminée au foyer. C'est digne des temps primitifs.

On nous servit des légumes bouillis que je goûtai avec plus de plaisir que je ne pensais ; puis du lait frais, qui ne saurait être différent de celui qu'on sert dans les palais. Mais il y avait aussi du petit lait et du lait caillé dont je ne suis pas amateur, et du pain spongieux comme du mastic, que je ne pus avaler malgré son parfum. Le fromage du pays, presque liquide, me parut ressembler au petit lait. Mais j'avais une ou deux boîtes de conserves, et je les partageai entre mes paysans, pour ne pas être en reste de générosité avec eux.

Ces braves Bosniaques nous regardaient manger avec un intérêt marqué et en souriant, comme pour nous encourager : les enfants surtout paraissaient ébahis ; je crois que ces gens n'avaient jamais vu que des costumes bosniaques, sauf peut-être les gendarmes. Pour exciter leur intérêt, je leur montrai un journal illustré, et contenant des caricatures amusantes. Leur visage ne manifesta ni amusement ni même le moindre intérêt. N'avaient-ils jamais vu d'images, ou bien, comme les Orientaux, ne voulaient-ils pas sortir de leur impassibilité pour exprimer leurs impressions? Je ne m'attardai pas longtemps à élucider ce problème, et j'allai me coucher sur du foin, dans la bonne odeur duquel je ne tardai pas à m'endormir, roulé dans ma couverture de cheval.

Non loin de ces chalets de Smertchevitza, tout de même à une heure et demie à travers les forêts, se trouvait notre petite mine de cuivre de Valitzé. Il y avait un petit hameau à quelque distance, et les paysans se rappelaient l'emplacement des vieux travaux dans le bas des ravins, et jusqu'au bord du petit torrent appelé la Desna. Dans le lit même de ce torrent on trouvait de beaux spécimens de minerai de cuivre, même du cuivre gris et du cuivre natif. Les vieux travaux, tout le long des pentes sylvestres, sont en forme de longues tranchées alignées et presque parallèles, aujourd'hui recouvertes d'arbres dont la plupart ont plus de deux cents ans.

Les gens du pays appellent cet endroit *Zlatna grouda,* c'est-à-dire la mine d'or; mais j'appris à mes dépens, ou du moins aux dépens des chercheurs de mines bosniaques, que ce qu'on appelle de l'or dans ce pays n'en a qu'à peine le brillant : c'est de la pyrite de fer ou de cuivre, quand ce n'est pas simplement du mica. Je trouvai pourtant en ouvrant une de ces vieilles tranchées une veine assez épaisse de cuivre gris et barytine.

Pour explorer les mines, nous avions bâti au milieu des forêts un petit chalet en troncs d'arbres, à quelques kilomètres au-dessus du village de Valitzé. Dans l'air pur de ces hauteurs, le calme de la nature augmente l'intensité des moindres bruits : les nuits de clair de lune avec les grandes ombres des arbres sur un fond pâle sont un vrai décor romantique; j'y rêvais de la Gorge aux Loups quand j'entendais la nuit les hurlements des loups et les grognements des ours. Un jour un paysan nous y amena deux jeunes chevreuils; mais je n'eus pas la patience de les apprivoiser : dès que je les sortais de l'écurie et qu'ils voyaient les forêts, ils se débattaient au point de s'étrangler dans leurs cordes. Par une belle journée, je leur donnai le plaisir de filer; ils étaient assez forts pour se tirer d'affaire. Je ne les revis plus.

Ce pays me paraissait merveilleux : la forêt s'appelait du beau nom de Divane, et la vallée aux beaux pâturages s'appelait Privor.

A Borova Ravane, on retrouve les traces de la voie romaine qui partait de la Rama ; elle contourne la montagne de Valitzé par Zastinié, village perché presqu'à pic à deux cents mètres au-dessus d'un petit affluent du Verbas. En face de Zastinié, à moins de trois cents mètres à vol d'oiseau, se trouve un autre village, Seferovitch ; mais il fallait plus d'une heure de l'un à l'autre pour traverser la profonde gorge. La voie romaine a trois mètres de largeur ; elle est en talus, et la chaussée, dallée, bien que souvent défoncée, a pu braver les siècles. C'est une des trois routes que les Romains ont construites en Bosnie : celle-ci partait de l'Adriatique et, passant par la Rama et la Vratnitza Planina, conduisait à Foïnitza, puis à Saraïevo ; enfin, de Saraïevo elle allait aux mines d'argent de Srebrenitz, traversant de part en part toute la Bosnie.

Je suivais cette route pour aller à Prozor par le col de Meïnik, et de là je descendais en un mauvais chemin : sur le sol marécageux, la boue avait souvent plusieurs pieds de profondeur. Pour les piétons, on pose sur cette boue des rondins de bois et l'on saute de l'un à l'autre. Mais les chevaux n'aiment pas cela. Le mien, posant un jour son pied sur un de ces rondins, qui était particulièrement gros, passa à travers un trou et ne put s'en dégager. Il soulevait en l'air ce poids encombrant et, manquant d'équilibre, il se renversa avec moi dans la boue. J'en fus quitte pour faire connaissance avec la boue bosniaque et garder un souvenir plus précis de ces passages désagréables.

Les paysans bosniaques, pour gravir les pentes, ont l'habitude de tenir leur bâton sur le dos, en travers des deux coudes, ce qui fait bomber la poitrine, et j'ai remarqué qu'avec ce système on n'est jamais à court de souffle : avis aux alpinistes.

Les sommets de la chaîne sylvestre de Privor atteignent 1,400 mètres : on les appelle *sommets noirs* (Tsrni Vrkh). Dans ces forêts il y a quelques charbonniers dont les feux apparaissent comme de petites étoiles. Les grands arbres des sommets me faisaient toujours un effet curieux : leurs feuilles et leurs branches apparaissaient en relief sur le ciel clair ou sur l'auréole éclairée du côté de la lune, et les pentes qui les suivent s'abaissant brusquement me donnaient l'illusion de l'abîme.

Bien que le sol soit couvert de forêts, il n'est pas rare que la pente soit tout à coup abrupte, de sorte que si l'on perd le sentier, on peut aboutir à un précipice.

Je n'aimais pourtant pas à traverser tout ce dédale de montagnes, sans chemin tracé, par un épais brouillard, même en le connaissant bien. Lorsque je me suis trouvé une première fois dans cette situation, je ne m'en suis tiré qu'en me fiant entièrement à mon cheval qui, guidé par son instinct, trouva la direction sans hésiter, tandis que je ne reconnaissais aucun des sites par où il me faisait passer. Au delà des sommets, des prairies en pentes douces alternées de forêts conduisent à la grand'route, et l'on se trouve en face de la vallée de Rama.

La partie de la vallée de Privor du côté de Prozor est aussi belle que celle de Gorny-Vakouf, avec quelque chose de plus intime qui tient à l'absence de grande route et de grands villages. Les maisons sont disséminées plutôt qu'agglomérées à Bolikovatz et Dobrosine, dominées par trois collines adossées l'une à l'autre, aussi vertes que le fond de la vallée et appuyée sur des montagnes plus élevées. Rien n'est beau comme cette campagne de Privor un soir calme de juillet ou d'août, *srpanï* ou *kolovoz*, comme on dit ici, mois des serpes et des chars : les prairies immenses et planes, comme à Vakouf, sont animées par les moissonneurs et leurs chars regorgeant de l'amas des gerbes et par le cri de la caille qu'on perçoit de tous côtés dans les moissons ; tous les bruits se fondent dans l'immensité de cette nature, puis se perdent en montant par-dessus les croupes arrondies, entraînant avec eux les regards au delà, vers les montagnes plus hautes irisées par toutes les teintes du soir qu'elles réfléchissent. Une voix qui chante dans l'horizon lointain s'élève jusqu'au ciel, soutenue par l'accord grave du roulement sourd de la rivière coulant lentement sous les arbres. Après ces journées ardentes d'été où l'on croirait voir les vibrations lumineuses, le Verbas a gardé sa fraîcheur sous ses épais ombrages entre les pelouses vertes de ses rives ; il invite au bain, comme le lac de Schiller, et les jeunes gens s'y baignent ou bien pêchent jusque dans l'eau, retroussant leurs manches et leurs larges pantalons blancs. Les soirées sont ici vraiment délicieuses ; quel plus beau cadre choisir pour lire cette page du poète de Rama, Adam Vrhovni, que j'ai tenté de bien traduire :

« Il me semble qu'elle était une partie de mon

âme égarée dans les multitudes, ou plutôt que nous ne formions qu'une âme, tellement nos pensées étaient les mêmes; nos regards se cherchaient et nos âmes semblaient visiblement en sortir pour se fondre l'une dans l'autre. Rencontrer sa main, côte à côte sur la même rive, la voix m'en restait dans la gorge, tandis que la sienne prenait des inflexions si douces que j'écoutais l'harmonie des mots sans en chercher le sens : je n'osais presque la regarder; le langage du regard était trop poignant; mais je voyais en moi ses yeux, ses yeux si bons et d'une insondable confiance. Je lui posais le bras sur l'épaule et nous restions ainsi des heures. Lorsque j'étais seul je ne pensais qu'à elle; la nuit prolongeait mes veilles par le rêve; le jour, je remplissais les airs d'hymnes de joie qui ne se mêlaient qu'aux chants des oiseaux et au frémissement du vent dans les arbres; je n'étais plus sur terre; je planais dans les espaces infinis, au fond de l'azur du jour ou au delà des étoiles, et je sentais que son âme y suivait la mienne, son âme seule des millions d'êtres de la terre; je la verrai toujours, puisque de partout je verrai les mêmes étoiles qu'elle regarde; je l'aimerai encore quand je serai mort. »

Je n'ai pu quitter Privor et Vakouf sans regrets pour cette belle vallée et pour ces paysages au milieu desquels j'avais passé six mois, de mai à octobre. Je me souviendrai toujours du dernier soir d'octobre où j'ai parcouru à cheval les rives du Verbas. Octobre est déjà triste ; on l'appelle ici *Listopad*, « les feuilles tombent ». Le soleil s'était couché dans les nuages roses, et je me trouvais vers huit heures du soir au milieu de l'étroit vallon qui relie les larges vallées de Dobrosine et Gorny-Vakouf ; il paraissait à peine éclairé par les étoiles, mais je connaissais bien son souffle toujours frais, rafraîchi encore par la saison et par la nuit. Il me semblait, comme au poète de Rama, que je n'abandonnais pas tout à fait ces pays, puisque je verrais toujours et de partout les mêmes étoiles, ces étoiles qui paraissent cependant briller ici d'un éclat plus tranquille, dans ce pays si calme. Je galopais dans les prés sombres pour atteindre plus vite le moulin et le pont qui se trouvent à la rencontre du chemin et de la grand'route ; chaque pierre, chaque arbre, chaque coin de paysage me rappelaient un souvenir, clair malgré l'obscurité qui le cachait. Au delà du moulin, la belle route, blanche encore dans la nuit, me rappelait, elle aussi, tant de courses à cheval, et à ce souvenir se rattachait celui d'une certaine nuit de juin dans le cimetière de Dobrosine.

Je revenais des montagnes de Zetz, par une de ces nuits d'été pleines de lucioles, de ces bourdonnements d'insectes et de ces frémissements de brise qui sont traduits avec tant de bonheur dans l'ouverture du *Songe d'une nuit d'été*. J'allais d'un pas allègre sur ma jument fauve, tout entière en mouvement suivant son habitude, battant sans cesse ses flancs de sa queue, relevant et abaissant sa tête en secouant l'écume de sa bouche, et agitant sa crinière comme une flamme aux reflets d'or, tout en faisant résonner ses larges sabots sur le sol durci par les chaudes journées de juin. Quelques minutes avant Dobrosine je pris le grand trot ; elle humait l'air de ses naseaux en portant en avant son puissant poitrail presque immobile sur ses grandes enjambées. J'avais déjà remarqué quelques lueurs dans le cimetière de Privor ; mais je les prenais pour des lucioles quand, en passant devant deux grandes tombes parallèles, je vis devant moi comme des poignées de verges brûlant dans l'air d'une lumière pourpre, et ma jument s'arrêta court. J'en compris tout de suite la cause : le courant d'air produit par le trot rapide de ma bête avait attiré tous les feux follets du cimetière qui dansaient maintenant sur sa crinière et sur sa queue mobiles. Mais elle prit peur, et commença à se cabrer vivement en hennissant et, malgré mes coups d'éperon, elle refusa d'aller plus loin. Je la ramenai doucement en arrière, ce qui réussit à éloigner les feux follets; mais après quelques pas, lorsque je voulus la faire avancer de nouveau, il me fut impossible de l'y décider : elle tournait sur place et tremblait de tous ses membres. Je pris alors un parti : quittant mon habit, j'en entourai sa tête, et le fixai avec les manches; puis la faisant tournoyer plusieurs fois sur elle-même, pensant qu'elle aurait alors oublié la direction des feux follets, je la lançai en avant, et elle partit au galop vers le cimetière. De nouveau, juste à la place où elle s'était arrêtée, elle s'arrêta encore, et mes coups d'éperon n'eurent d'autre résultat que de la faire cabrer davantage. Alors je repris mon habit; mais à peine eut-elle vu la lueur pourpre des feux follets que, se dressant brusquement sur ses jambes de derrière, elle fit un bond énorme comme pour les franchir et se précipita au galop au delà du cimetière. Je parvins tout juste à garder l'équilibre, mais ce bond énergique laissa les follets dans notre sillage; ils se perdirent bientôt dans l'éloignement, et je ne parvins à arrêter ma bête emportée qu'à plus d'un kilomètre au delà, près du coude de la rivière, où il faut la traverser à gué pour arriver au moulin qui se trouve à la jonction du chemin de Privor et de la grand'route de Prozor à Vakouf.

Je m'arrêtai quelque temps au moulin, où le meunier, très hospitalier, m'offrit un verre de son slivovitch; il avait entendu au loin notre galop dans la nuit, et il voulut bouchonner ma jument, qui était ruisselante de sueur. Du moulin à Vakouf, il y a vingt minutes à peine de bonne route, et ce trajet, franchi d'un pas tranquille, la remit tout à fait en haleine.

Je dois quelques mots de souvenir à cette jument croate; il est bien permis de s'attacher aux bêtes utiles. Pleine d'entrain, il était le plus souvent difficile de la modérer; au pas, se pliant difficilement à une allure tranquille, devant chaque passant elle caracolait d'elle-même, comme pour faire admirer la beauté de sa forme; au grand trot, croissant de vitesse à chaque enjambée, elle dévorait l'espace, et d'elle-même, si je ne la retenais, elle prenait le galop de course, les quatre fers frappant le sol presque simultanément, le col allongé sur la ligne des reins, sa crinière fauve et touffue volant comme une flamme. Je ne connaissais pas de plaisir physique supérieur à ce vertige qu'on éprouve sur un beau cheval obéissant à sa fougue. On sent qu'il vit, qu'il a une volonté qui se plie difficilement à une autre, et qu'on a le plaisir de vaincre; on le sent libre et frémissant sous soi, palpitant à la moindre alerte, comme faisait ma jument croate; elle dressait les oreilles et humait l'air, parfois tombait brusquement en arrêt, les jambes tendues, son nez busqué en avant, interrogeant l'espace. C'était une bête d'intelligence aussi fine que sa forme était belle à regarder. Sur la route, avec elle et deux autres chevaux, moins beaux d'ailleurs, nous faisions parfois des courses d'obstacles, au moyen de barrières mobiles. Ces routes étaient peu fréquentées; il m'arriva pourtant une fois ou deux de renverser un paysan, mais en véritable amateur de chevaux il n'en garda pas rancune à nos bêtes : il n'avait d'ailleurs qu'à se garer à temps. L'exercice du cheval, en même temps qu'il assouplit le corps, me semble avoir une influence sur le caractère : il donne l'habitude et la volonté de vaincre des obstacles; il élève le caractère; peut-être rend-il plus fier, en tout cas plus courageux. Le cheval a toujours été un symbole de victoire et de fierté.

La grande route de Prozor à Gorny-Vakouf fait

partie de la route nationale de Banialouka à Mostar à travers le cœur de la Bosnie : on a l'intention de créer plus tard une voie ferrée à travers ce pays ; elle ne pourra suivre entièrement la route de Prozor : de Vakouf, elle ira par Privor et le col de Meïnik, qui n'a que huit cents mètres d'altitude. Elle laissera de côté Prozor, mais évitera le col de Maklen, à 1,123 mètres d'altitude, très long, et à travers lequel un tunnel serait très coûteux. Elle desservira les villages de la vallée de Privor pour arriver à Loug, sur la Rama, en aval de Prozor.

Par contre, une voie ferrée enlèvera à cette vallée de Privor beaucoup du calme de sa beauté champêtre, et ce sera grand dommage ; il faudra monter bien plus haut pour retrouver ces paysans et ces bergers primitifs, restés immobiles à travers les âges, ayant conservé des vertus anciennes. On ne saurait pourtant se plaindre des bienfaits apportés par l'industrie dans ces pays, surtout lorsqu'on songe à l'état barbare où le despotisme turc a laissé ces populations pendant quatre siècles.

Vakouf, qui est un nom turc, le nom donné aux biens des mosquées, est une marque de l'empreinte prise ici par le mahométisme, et on me permettra de citer une poésie populaire slave, en vers alternés de huit et de six pieds, qui montre bien le

7

degré d'oppression des pachas turcs sur les malheureux raïas bosniaques, c'est-à-dire les paysans
catholiques et orthodoxes : en même temps, cette
poésie symbolise la constance des chrétiens, malgré des persécutions dont les massacres récents
d'Arménie donnent encore une idée.

La ballade s'appelle :

La Mort du Guslar.

Au couchant le soleil est tombé
    Derrière la paroi de rochers,
Tombé, et il s'est irradié
    Au-dessus de l'abîme des rochers.

Et au ciel, d'innombrables
    Étoiles scintillent.
Innombrables comme sur terre coulent
    Les larmes tristes des raïas.

Pourquoi le raïa verse-t-il des larmes
    Ainsi sans relâche?
A cause de Topal-Pacha, qui est couché
    Mais sans trouver le sommeil.

Le pacha se lève, essuie son front
    La colère lui ronge le cœur :
« Il n'y a pas de Dieu, pas de justice,
    « Les hommes ne sont pas des hommes.

« J'ai répandu des mers de sang,
    « De ton sang, raïa maudit ;
« J'ai causé dans cette contrée
    « D'amers soupirs.

« Partout où je passe, la terre tremble,
    « Et le raïa périt.
« Mon cheval bai ne veut plus d'eau
    « Si elle n'est teinte de sang.

« J'ai des trésors, j'ai sept châteaux,
    « D'immenses domaines.
« Mon harem est plein de filles,
    « Mais je n'en veux plus.

« Cela ne me flatte ni ne me plaît,
    « Mon cœur est vide ;
« Un nom célèbre, un nom glorieux,
    « C'est cela que Topal désire.

« Je hais les trésors, je hais l'or,
    « Tout est sombre pour moi.
« Topal-Pacha veut des chants.
    « Il veut un nom célèbre.

« Le raïa même périt-il,
    « Plutôt que de chanter mon glaive ?
« L'esclave refuse-t-il de l'or,
    « Plutôt que de me chanter ?

« Guzla, guzla ! — Raïa, raïa,
    « Maudits haïdouks, dites-vous.

« Peut-on chanter votre nom,
     « Loups destructeurs? »

Ainsi le pacha divague, crie,
     Ses désirs le déchirent.
« Debout, dit-il, janissaires,
     « Préparez la fête.

     « Amenez-moi le vieux Mirko,
       « N'est-il pas encore là?
« Amenez-moi ce guzlar.
       « Oh! de ses cordes merveilleuses

     « Qu'il me chante, qu'il me célèbre!
       « La gloire est douce...
« Hier, j'ai fait égorger...
       « Ses quatre fils. »

L'aveugle s'assied, il tient le violon,
     Il le pose sur sa poitrine,
Les serviteurs chantent et crient,
     Tout retentit.

Les Turcs boivent, Topal ne cesse pas
     De vider sa coupe.
Il marche au hasard, sous lui tremblent
     Ses pieds chancelants.

L'aveugle est assis, tenant le violon
     Il est couvert de larmes;
Sa chevelure grise, tombante
     Recouvre le violon.

« Eh bien! chien, tu ne chantes pas? »
        Mais le vieillard instinctivement
Fait vibrer les cordes harmonieuses
        Du vieux chant de sa patrie.

« Que fais-tu donc, giaour maudit?
        « D'où vient cette audace? »
Mais il n'écoute pas; il chante, le vieillard,
        La patrie d'autrefois.

« Chante les hauts faits de Topal-Pacha,
        « Pare son nom.
« Adoucis-lui la vie amère,
        « Délivre-le de l'ennui.

« Allons, que j'entende comme on chante
        « Ma grandeur,
« Et je délivrerai de la prison
        « Tes quatre fils. »

« Tu les délivreras! » crie le vieillard.
        « Oui, et tu auras des trésors,
« Je te donnerai de l'argent, de l'or
        « Des biens immenses. »

Le guzlar se tait, le guzlar pâlit,
        Oh, l'angoisse amère!
Il tient le violon et l'archet,
        Mais ses mains tremblent.

« Chante, vieillard, oh! chante cela,
        « Je dois être célébré

« Et peut-être tu ignores ce qui t'attend
  « Si tu refuses.

« Ton bonheur, ton espoir,
  « Tes quatre fils,
« Je les briserai, je les faucherai
  « Comme quatre lis. »

Le vieillard aveugle tremble,
  Il veut jouer.
Mais sa tête angoissée, lourde
  Tombe sur sa poitrine.

Les larmes coulent, inondent le violon
  Et le vieillard chancelle ;
Il jette le violon qui résonne
  Sur le sol noir.

« Assassin, voleur, s'écrie-t-il,
  « Maudit traître,
« Ennemi de ma foi et de ma race,
  « Spectre sanglant !

« Brise-moi le cœur,
  « Brise mon espoir ;
« Mais les guzlas, les violons chrétiens
  « Ne savent pas mentir. »

Il dit cela, il n'en peut dire davantage,
  Il se baisse et chancelle,
Il tombe mourant près du violon
  Sur le sol noir.

Le pacha s'irrite, mais du vieillard
  L'angoisse disparaît.
Il lève la main droite à son front,
  Et fait le signe de la croix.

Il s'agenouille et il prie
  Il tient le violon embrassé. —
Un janissaire tire son handjar
  Et lui tranche la tête.

Gorny-Vakouf, comme tous les pays voisins, a conservé quelques vieilles coutumes pour certains jours de fête.

Ainsi le jour de Saint-Georges, le 23 avril, chacun fait du feu devant sa maison de manière à faire fuir les serpents, qui ne sont cependant pas en aussi grande quantité ici que dans les rochers de la haute Herzégovine. Plusieurs familles se réunissent ensemble pour le repas du soir. Au matin, si l'on s'entend appeler avant le lever du soleil, on ne doit pas répondre, car si l'on répond, on s'entendra dire : « J'ai vu du buis vert; je te remets mes douleurs, mes mouches et mes puces. » On doit se lever avant le soleil et aller se laver à la rivière; ceux qui veulent se baigner mettent ensemble leurs chemises et une pièce de monnaie d'un ou deux *novcitch* (un sou environ), et le premier entré dans l'eau prend tout l'argent, sans s'inquiéter des menaces et des cris. Les malades doivent boire de cette eau fraîche de Saint-Georges s'ils veulent guérir.

C'est au jour de Saint-Georges que commencent les excursions et les journées joyeuses, surtout parmi les mahométans. On ne doit pas dormir ce jour-là, car on sera triste toute l'année; et si quelqu'un laisse dormir les fourchettes, il devra les laisser dormir jusqu'au surlendemain, jour de Saint-Marc.

Le jour de Saint-Jérémie, les femmes crient pour chasser les serpents : elles sortent avant le lever du soleil avec une poêle et frappent trois fois sur leur poêle à la porte de la maison avant de rentrer, en criant : « Jérémie aux champs et tous les serpents à la mer. »

Le jour de Saint-Jean, 24 juin, les bergers font des tas de bois sec et de sapin résineux, qu'ils allument le soir pour faire de grands feux, surtout autour des parcs à brebis. Les enfants courent autour du feu en portant des torches enflammées et s'amusent à sauter pieds nus au-dessus du feu, dans la fumée.

Il n'y a pas beaucoup de chrétiens orthodoxes dans la haute vallée du Verbas, et le couvent de franciscains de Gorny-Vakouf, qui dépend du grand monastère de Foïnitza, l'un des plus vieux de la Bosnie, a contribué puissamment à entretenir le culte catholique dans cette vallée, sous le régime turc. Les vieilles coutumes de la haute Herzégovine n'y ont guère subsisté; toutes les cérémonies des jours de fête, des mariages, des funérailles se font suivant les usages catholiques.

La haute vallée du Verbas n'est séparée de Foïnitza que par la chaîne de montagnes de la Vratnitza Planina, que nous allons faire connaître maintenant : c'est la plus grandiose et la plus sauvage région de la Bosnie.

CHAPITRE V

LA VRATNITZA PLANINA

La route de Trawnik. — La Zelcheva Planina, mines de mercure. — La Vratnitza Planina, mines d'or. — Le lac de Prokos. — Conte populaire. — Forêts interminables.

Pour éviter de traverser l'énorme massif de la Vratnitza Planina qui sépare les vallées du Verbas et de la Rama de celles de la Bosna, on peut aller de Gorny-Vakouf à Foïnitza par Bougoïno et Trawnik ; c'est la route des voitures et des voyageurs ordinaires. Il y a 125 kilomètres de Gorny-Vakouf à Foïnitza, avec plusieurs cols à franchir, dont un de 950 mètres d'altitude : il faut neuf à dix heures de voiture. Comme nous n'avons pas été tout à fait des voyageurs ordinaires, nous ne dirons que quelques mots de la route de Trawnik ; celle de la Vratnitza est une route extraordinaire.

Bougoïno a une large et belle rue très animée par un commerce important de bétail et de chevaux : il a un hôtel confortable où l'on trouve des journaux, de sorte qu'on s'y retrempe dans la vie moderne quand on a passé quelque temps à Gorny-Vakouf et à Privor. Il y a près de là une montagne de calcaire-marbre blanc.

Trawnik est une ancienne capitale, ancienne résidence des rois de Bosnie; elle avait un caractère tout à fait turc avant les deux immenses incendies qui, en août 1903, cette année même, ont détruit plus de 500 maisons et je ne sais combien de mosquées. Dans ces villes en bois, les incendies sont effrayants. L'ancien château même a été incendié, les trois quarts de la ville ont été détruits, plusieurs milliers de personnes se sont trouvées sans abri. Heureusement le gouvernement autrichien et de généreux particuliers sont venus en aide à la population : mon vieil ami Jeanni, qui m'avait été si fidèle en 1891, vivait là avec sa famille, et il a été heureusement épargné.

Mais j'ai hâte de revenir à la Vratnitza Planina. Ce massif se divise en deux parties : la Zetcheva et la Vratnitza. Parlons de la Zetcheva d'abord; j'y arrivais toujours de nos mines de Valitsé par un sentier de chèvres et le lac de Kotlov-Dol; les bois alternent avec les gazons; mais à mesure qu'on monte, les bois deviennent plus rabougris et les gazons plus maigres; quelques fleurs de montagne apparaissent : le lis sauvage et le rhododendron, et l'on arrive à 1,700 mètres d'altitude, au sommet de la ligne de partage des eaux de trois bassins : le Verbas à l'ouest, la Bosna à l'est, la Narenta au sud. On a devant soi un immense chaos de montagnes chauves, que le soleil brûle depuis des siècles ; autrefois, il y a fort longtemps sans doute, ces montagnes devaient être couvertes de forêts.

Le chemin devient de plus en plus difficile à travers des rochers creusés par les pluies et les pieds des chevaux, des champs de cailloux calcaires amoncelés et branlants sur lesquels les chevaux trébuchent à chaque pas. Seul un mulet peut les traverser sans encombre, car il ne pose jamais son sabot, beaucoup plus étroit que celui du cheval, sans avoir examiné la place avec circonspection ; ses longues oreilles sans cesse en mouvement indiquent la place où regardent ses yeux ; les autres cavaliers sont obligés de mettre pied à terre, tandis que celui qui monte une mule peut y rester sans crainte, et même y lire à l'aise son journal. On rencontre de grands trous, comblés en partie, restes d'anciens puits : et de temps à autre, une véritable chaussée pavée de grosses pierres usées et glissantes, restes de l'ancienne voie romaine du Verbas à la Bosna. La vue ne cesse d'être merveilleuse de beauté et d'étendue à chaque pas et à chaque plan : les ravins abrupts, d'abord dénudés et rocailleux, se couvrent peu à peu de bois de plus en plus épais ; au fond les torrents se précipitent, minces filets d'eau d'abord, puis augmentant de volume à chaque nouveau ravin. Au delà, des vagues de montagnes s'alignent jusqu'au fond de l'horizon circonscrit de toutes parts par des montagnes bleues, celles qui dominent Sarajevo à l'est, celles de l'Herzégovine au sud et à l'ouest, la Vratnitza Planina au nord, la plus haute chaîne de la Bosnie.

Au fond d'un de ces ravins, le Douboki potok (ruisseau creux), l'une des sources de la Naretvitza, conduit à Ostrostz, où la Naretvitza se jette dans la Narenta. Le chemin qui le suit passe par le col de Pogorelitza, où l'on trouve du mercure ; mais la véritable mine de mercure est aux sources mêmes de la Naretvitza, entre ce torrent et le Douboki potok, sur les montagnes de Zetz. La cime de Zetz (lièvre) est absolument dénudée, haute de près de dix-huit cents mètres ; pour arriver aux mines, on s'engage dans un vallon, d'abord véritable lit de roches branlantes, entre des pentes trop faibles pour empêcher le soleil torride de pénétrer partout et de doubler sa chaleur en se réfléchissant sur les rochers ; puis tout à coup le paysage change, on entre dans d'épaisses forêts de hêtres et de chênes, et on arrive bientôt aux mines de mercure, en pleine forêt.

Les travaux exécutés en puits, galeries et tranchées montrent que le cinabre est rattaché à des filons de fer oxydulé et oligiste dont le principal a plus d'un mètre de puissance. Le cinabre est en poches au voisinage, parfois même au contact du fer, dans des roches calcaires colorées en brun par l'oxyde de fer. On enlève de véritables blocs de cinabre presque pur d'un rouge magnifique ; les anciens les distillaient sur place dans des pots d'argile cylindriques ; actuellement le minerai est transporté au four à mercure de Cemernitza, près de Foïnitza, à dos de cheval, chaque cheval portant cent à cent vingt kilos ; on rencontre dans les sentiers ces petites caravanes de chevaux qui vous obligent souvent à attendre, lorsque le passage est trop étroit pour laisser passer deux chevaux de front. Il faut un minerai vraiment riche pour affronter la longueur d'un trajet coûteux. Le cinabre, affleurant sur des points assez nombreux, assez distants, et toujours suivant à peu près la même direction, se trouvant relié à des filons de minerai de fer, il est possible que ces mines aient de l'avenir, et que les travaux en profondeur donnent de bons résultats. Malheureusement l'abondance des neiges empêche le travail en hiver, en rendant impossibles les transports de minerais et de vivres. Au bas de la pente, toujours en pleine forêt, on a construit un très grand chalet en rondins, allongé, au toit en auvent sur une large galerie avec perron et grand escalier en bois, tout à fait confortable. Toujours sous les ombrages des arbres centenaires, près d'une source glacée, c'est là une de ces solitudes à faire les délices de l'ingénieur qui exploite le mercure de Zetz ; les lièvres abondent dans ces bois, comme l'indique le nom de la montagne (Zetz signifie lièvre). Son seul défaut est la distance : depuis Foïnitza, il faut quatre heures de cheval par des chemins abrupts.

Il faut retraverser des déserts de pierres branlantes et des amoncellements de rochers ; passer près d'immenses cônes de déjections, sous d'énormes remparts de roches volcaniques trachytiques, ou de calcaires rongés par les saisons, le soleil et la neige ; puis on remonte des prés couverts d'un gazon maigre, sans arbres, avec de pauvres broussailles, et où paissent pourtant en été des troupeaux de cinq cents têtes de bétail gardés par un pâtre unique ; en toutes saisons, les ravins pro-

fonds qui séparent ces croupes rocheuses ou gazonnées, mais toujours dégarnies d'arbres sont remplis
de neige durcie accumulée que le soleil n'atteint
jamais, et l'on passe sans transition des rochers
brûlants aux névés. Les montagnes qui entourent
ce passage de Zetz ont toutes des noms significatifs :
Matoratz, le vieux ; Medvedak, de *medved*, ours ;
Vaganj, vagues ; Vitrusai, stratifié ; Lisitza, renard ;
Ostra kosa, tranchante chevelure ; Louka, prairie ;
Tikva, citrouille ; Ogare, lévrier ; Lochika, laitue ;
Bjelagromila, amas blanc ; Kamen, pierre, etc., etc.
Dans ces montagnes, cette année même, un garde
forestier de Foïnitza rencontra une ourse avec son
petit ; il fut assez imprudent pour lui décharger son
fusil au lieu de passer son chemin ; et l'ourse, à
peine blessée, bondit sur lui, l'atteignit d'un coup
de griffe sur la tête et lui scalpa la chevelure ;
mais au même moment le forestier avait réussi à
lui enfoncer son poignard dans le cœur ; l'ourse le
lâcha et tomba morte, tandis qu'il restait lui-même
évanoui et perdant son sang jusqu'au lendemain
matin, où des bergers le rencontrèrent et le ra-
menèrent sur un cheval à Foïnitza. Il guérit rapidement, et la peau de l'ourse orne à Foïnitza
le salon du pristojnik ou président de justice.
Les ours sont encore assez nombreux dans ces

montagnes, mais ils n'attaquent jamais un homme à cheval, à moins d'être provoqués. Quant aux loups, ils se montrent dans les régions moins élevées, au fond des ravins, et ceux que l'on rencontre s'éloignent la queue basse sans rien dire, ce qui les fait reconnaître, sans quoi on les prendrait pour des chiens ; ils ne sont dangereux qu'en bandes, après de longues périodes de neige : alors ils attaquent parfois les parcs à brebis entourés de palissades.

La descente sur Foïnitza est une des plus abruptes que l'on puisse imaginer ; on dégringole pendant cinq quarts d'heure à travers forêts et rochers ; de tout en haut, on distingue dans les éclaircies de feuillages les toits de Foïnitza, qu'on paraît surplomber verticalement ; près d'une source à mi-hauteur, un Turc offre du café dans une cabane de branchages ; on n'est pas fâché de reposer un instant ses jambes rompues, car il est impossible de rester à cheval : ces pauvres bêtes souffrent autant de la descente que de la montée, mais elles vont beaucoup plus vite ; on passe enfin un dernier col entre deux ravins, et l'on voit tout près les toits rouges de l'église franciscaine ; après le dernier ravin, on entre immédiatement dans les rues de Foïnitza.

Il reste à connaître l'amas de montagnes de Vrat-nitza Planina, dont sept sommets presque alignés du sud-est au nord-ouest dépassent 2,000 mètres, formant une ligne continue, longue de plus de six kilomètres, sans cols inférieurs à ce niveau, et ne laissant qu'un seul passage à l'altitude de 2,010 mètres entre Krstatz (arête tranchante) et Lotchike (laitue). Pour en avoir une idée et con-naître les anciennes mines d'or, nous irons de Gorny-Vakouf à Foïnitza par les gorges de la Bistritza en poussant une pointe dans l'intérieur, depuis le confluent du Souhodol avec la Bis-tritza. Le Souhodol (vallon aride) est, comme le Tsrnodol (vallon noir), un torrent roulant des paillettes d'or, provenant des mines d'or. Actuel-lement, la teneur en or de ces eaux est très faible et ne dépasse guère celle de plusieurs torrents du reste de l'Europe que l'on a renoncé à exploiter.

En parcourant la plaine de Gorny-Vakouf au village de Bistritza, à l'entrée des gorges, le che-min longe d'énormes amas de cailloux provenant du lavage de l'or de la Bistritza et du Verbas, puis du Tsrnodol et du Souhodol, amenés et accumulés ici par le confluent de ces rivières. Ce sont de vraies petites collines couvertes d'une végétation rabougrie, séparées par des chemins pavés de grosses pierres retirées des rivières. On passe la Bistritza sur un grand pont de bois, et immédiatement l'on monte les pentes de la rive droite, car le fond des gorges ne laisse pas de place pour passer, en attendant qu'on l'élargisse pour y construire une route de Gorny-Vakouf à Foïnitza, si cela se fait jamais.

Les pentes couvertes de broussailles, à l'entrée des gorges, sont formées d'un beau calcaire-marbre blanc, parcouru par des veines de pyrolusite, minerai riche de manganèse, et plus haut d'autres minerais de manganèse pyromorphite et acerdèse. Les gorges que l'on parcourt à mi-hauteur sur la rive droite font un très curieux contraste avec la large et verte vallée de Gorny-Vakouf; elles sont formées d'une série de chevauchements de montagnes les unes sur les autres, toutes uniformément couvertes de broussailles et de chênes rabougris; dès le premier contour, le paysage présente en avant et en arrière la même succession monotone, tandis que la Bistritza roule au fond du ravin en faisant une sinuosité à chaque nouvel empiètement d'une montagne sur sa direction. Pas une habitation ne se montre, et rarement on rencontre un voyageur; d'ailleurs le chemin suspendu aux parois, sans cesse montant et descendant sur le sol formé de calcaire usé et glissant, est dangereux et permet difficilement une rencontre : des croix indiquent la place des accidents survenus, et un jour devant nous un malheureux cheval bosniaque, qui s'était écarté pour nous faire place, manqua d'équilibre et roula jusqu'au fond de l'abîme où nous ne le revîmes plus, caché sous une paroi verticale. Son maître était désespéré, et voulait à tout prix descendre le chercher ; il l'avait retenu par son licou, mais fort heureusement la corde avait cédé, sans quoi l'homme suivait le cheval dans sa chute plutôt que de le lâcher, et il aurait péri sans aucun doute.

Pour aller aux mines d'or, on quitte les gorges en descendant vers la rivière près d'une grande caverne, puis montant les pentes de la rive gauche au confluent du Souhodol potok et de la Bistritza. On passe les maisons de Koprivnitza. Au bout d'une heure environ d'un chemin assez analogue à celui de Zetcheva Planina, on arrive aux premiers anciens travaux, à Zlatno vrelo (source d'or) près d'Oulojnitza, entre une forêt et une prairie, où se trouve une douzaine de chalets pour l'été appartenant à des habitants de Bistritza, à 1,100 mètres au-dessus de Gorny-Vakouf; on remarque là deux immenses remblais longs de près d'un kilomètre, d'une direction presque constante de l'ouest à l'est, et montant avec le terrain qui forme une sorte de lit d'écoulement. Leur largeur atteint 50 mètres en moyenne et leur hauteur 10 mètres. L'espace intermédiaire est rempli de restes de minerais. Certains morceaux sont du quartz; quelques-uns montrent encore des paillettes d'or, mais ils sont rares. La plupart appartiennent à une roche éruptive, sorte de trachyte qui forme toute la masse centrale du Vratnitza Planina. L'alignement des remblais fait croire à la présence de véritables filons de quartz aurifère à travers la roche trachytique. On compte en outre plus de trente puits de près de quatre mètres de diamètre. Un aqueduc partant des sources mêmes du Souhodol amenait l'eau à Oulojnitza pour le lavage des roches aurifères; il avait près d'un kilomètre de longueur et passait près de la montagne de Tsrvena-Zemlia, où l'on remarque d'autres travaux anciens semblables à ceux d'Oulojnitza, énormes masses longues d'un demi-kilomètre. Tsrvena-Zemlia signifie terre rouge; le trachyte altéré s'est transformé en une sorte de kaolin rougi par de l'oxyde de fer qui est mêlé au quartz altéré des filons et dont le lavage permet de retirer l'or. Du reste, on voit là un véritable bassin de lavage de quinze à vingt mètres de diamètre et des vestiges d'anciennes habitations.

Près de là se trouve une immense cuvette de près de trois cents mètres de longueur et où passent deux sources ferrugineuses provenant d'anciennes galeries souterraines probablement très longues. C'est le grand amas de terre rouge situé près de là qui a sans doute fait donner son nom à l'endroit. Il provient des terres lavées appauvries.

Enfin, de la source même du Souhodol partent deux aqueducs parallèles à huit mètres de distance, en contre-bas l'un de l'autre et suivant la roche trachytique en maint endroit, taillée dans le vif pour porter les tuyaux. Toute cette contrée est extrêmement riche en forêts à peine explorées.

Il existe encore beaucoup d'autres points où l'on trouve d'anciens travaux comme Rosini, Radovina, Zlatno gouvno (aire d'or), Zlatno vrelo (source d'or) au nord de Krstatz, etc., sans compter ceux que l'on ne connaît pas encore; mais ceux des sources du Souhodol sont certainement les plus importants, et leur situation dans des ravins escarpés permettrait de les attaquer facilement en profondeur par des galeries en travers bancs, traversant les schistes pour arriver au trachyte, qui contient évidemment la prolongation des filons de quartz aurifère en longueur et en profondeur.

D'Oulojnitza, on peut aller assez facilement en passant au-dessous de Gradski Kamen (pierre de citadelle), dont le nom indique la forme altière, à travers une série de ravins arides jusqu'au lac de Prokos (Prokosko yezero) entouré de chalets de montagnes, de forêts et de prairies, à la base même des colossales falaises trachytiques de trois des plus hauts sommets de Vratnitza Planina, interceptant le soleil depuis midi; une quantité de sources le remplissent d'eau en toute saison. On peut à la rigueur y passer la nuit, et le paysage sauvage en vaut la peine. De là en refaisant trois kilomètres par le même chemin abrupt, car il faut monter quatre cents mètres depuis le lac, on trouve à sa droite un chemin très difficile conduisant à Zlatno guvno, où se trouvent quelques anciens travaux, en suivant le Zlatan patok (ruisseau d'or). Mais il est préférable de revenir jusqu'au confluent du Souhodol dans la Bistritza. C'est dans les rares chalets isolés près du lac de

Prokos que j'entendis raconter le singulier conte qui suit, quelques jours après la fête de saint Paul :

Le jour de la fête de saint Pierre et saint Paul est un jour d'excursions. Toute la famille doit se rendre à une source ; on commence aussi ce jour-là à tuer les moutons ; on les égorge avec un grand couteau, car les gens du pays disent, comme partout, que la viande est meilleure lorsque l'animal a été saigné.

Le conte dont il s'agit est un de ces contes populaires qui se transmettent de génération en génération depuis des siècles ; ils sont généralement très simples ; celui-ci m'a été depuis répété et éclairci par Saka Gartchik : il s'appelle *Tchestiti porod*, ce qui peut se traduire approximativement par « famille honorable ».

Dans un village vivaient un homme et une femme pieux et toujours d'accord ; mais ils n'avaient pas obtenu ce qu'ils désiraient le plus : un enfant ; aussi priaient-ils Dieu matin et soir de leur accorder des enfants. Ils possédaient une jument et une chienne ; un matin que le mari voyageait sur sa jument, il rencontra un étranger qui lui tendit une pomme en disant : « Je suis saint Nicolas ; Dieu a exaucé tes prières, et te don-

nera des enfants ; mais prends cette pomme, pèle
l'écorce et enlève les pépins ; donne l'écorce à
ta jument, les pépins à ta chienne, et mange le
reste avec ta femme. » Puis il disparut.

L'homme rentra chez lui avec la pomme, la
pela, donna l'écorce à sa jument, les pépins à sa
chienne, et mangea le reste avec sa femme. Au
bout de trois mois, la chienne mit bas deux jolis
petits chiens ; au bout de dix mois, la femme eut
deux petits garçons, beaux comme des pommes
d'api, et on les appelle Pierre et Paul. Au bout
d'un an, la jument donna deux beaux poulains, et
près de la maison crûrent deux beaux pommiers.

Lorsque les enfants eurent quatorze ans, le père
et la mère moururent le même jour. Leurs enfants
les accompagnèrent au cimetière, et, lorsqu'ils
furent de retour à la maison, ils la fermèrent à clef,
la vendirent, puis montèrent sur les deux chevaux et partirent pour parcourir le monde.

Il voyagèrent longtemps ; enfin ils arrivèrent à
un carrefour, où était posé un écriteau qui portait
ces mots : « Si tu passes à droite, tu arriveras à la
ville de Neboïche (1) en dix jours ; si tu passes à
gauche, tu arriveras à la même ville en trente

____

(1) Neboïche signifie « n'aie pas peur ».

jours. » Alors l'aîné des deux frères dit à l'autre :
« Prends, toi, Pierre, le chemin le plus court, et va
m'attendre à Neboïche ; je passerai par le chemin
de droite, afin de voir plus de monde. » Pierre fut
d'accord avec son frère, et partit par la gauche.

Paul, suivent la droite, voyagea longtemps, et
arriva enfin à une grande prairie arrosée par une
belle rivière. Ne voyant pas de pont ni de bateau,
il pria saint Nicolas, et il vit aussitôt venir à lui un
beau lévrier et un bel étalon alezan sur lequel il
monta et passa la rivière.

Après un court voyage au delà, il arriva à la
ville impériale, dans laquelle il gagna rapidement
les faveurs du tsar, grâce en partie à son étalon et
à son lévrier, que le tsar trouva superbes. Un jour
il alla à la chasse seul à cheval avec son chien ; un
berger qu'il rencontra le conduisit d'abord aux
endroits les meilleurs pour la chasse, et ensuite
vers un palais habité par une princesse qui le reçut
avec faveur et lui offrit son palais et ses chevaux ;
mais en même temps elle lui fit cette proposition :
« Nous allons danser ensemble, et le premier de
nous deux qui sera fatigué de danser donnera à
l'autre son lévrier, son cheval, son pâtre et sa personne même en esclavage. » Paul accepta le marché ; mais il perdit, étant déjà fatigué par son long

voyage et il resta le prisonnier de la princesse. Le tsar le fit vainement rechercher partout.

Pendant ce temps, Pierre attendait depuis long-temps à Neboïche, et il finit par se décider à revenir par le chemin qu'avait suivi son frère. Arrivé à la grande rivière, il se signa lui aussi, pria saint Nicolas, et aussitôt il trouva un lévrier et un étalon alezan. Lorsqu'il arriva à la ville impériale le tsar, croyant voir revenir Paul, le reçut par cents coups de canon. Pierre en fut d'abord étonné; puis il se dit que son frère était sans doute devenu l'ami du tsar. Mais partout on le prit pour Paul; on crut voir le même héros, le même étalon, le même lévrier. Le tsar voulait même lui faire épouser sa sœur, qu'il avait déjà fiancée à Paul. Cette princesse lui demanda ce qu'il avait fait si longtemps à la chasse? Alors il comprit l'erreur et se mit à la recherche de son frère. Un pâtre qu'il rencontra un jour lui apprit sa retraite, et alors il partit sans crainte à la chasse du côté du château enchanté. Il rencontra le même pâtre, qui le conduisit dans le palais, dont la princesse le reçut avec autant de faveur que son frère et lui fit aussi la même proposition de jouer contre elle son lévrier, son étalon, son pâtre et sa personne. Mais cette fois ce fut Pierre qui gagna; il délivra Paul, et tous deux revinrent ensemble à la ville du tsar, avec les deux étalons et les deux lévriers. Le tsar resta stupéfait qu'on eût pu vaincre à la danse la jeune princesse du château enchanté, et donna ses deux sœurs en mariage à Pierre et à Paul.

Une chanson peindra également ces populations calmes des montagnes :

I

Au côté gauche, près du cœur
Une profonde blessure m'agite,
Ha ha ha ha, au côté gauche près du cœur.

II

Par ici, par là, la montagne dit
Qu'il est à moi l'objet de mon rêve.
Par ici, par là, elle dit qu'il est une race héroïque.

III

Jeune bergère, es-tu sans souci ?
Que dit ton visage, ton troupeau n'est peut-être pas
[si tranquille.

Des montagnes de Vratnitza Planina, deux chemins principaux conduisent à Foïnitza : l'un par

Stragitza, en partant du lac de Prokos et se dirigeant vers le sud-est; ce chemin est beaucoup plus court, mais il est affreusement mauvais, s'élevant à 1,900 mètres de hauteur et suivant constamment des crêtes de rochers. L'autre chemin revient du lac de Prokos au confluent du Souhodol et de la Bistritza, et de là il suit les gorges de la Bistritza pour rejoindre Foïnitza par les montagnes de Stit Planina; ce chemin est plus long, mais plus facile; en outre il présente l'intérêt de montrer les vestiges d'anciens glaciers. Depuis la caverne, le chemin suit à peu près le lit de la Bistritza, qui change bientôt de nom pour s'appeler le Vrilo potok, et qui change de nom encore une fois, car les Bosniaques aiment à changer souvent le nom de leurs rivières; ils ne manquent du reste pas d'imagination pour leur en trouver.

A partir de ce moment, les bois se transforment peu à peu en forêts; des forêts à perte de vue, en haut, en bas, en avant et en arrière; le lit du torrent est formé de grosses pierres; on en remarque quelques-unes debout suivant leur longueur, qui atteint dix et douze mètres, comme des colonnes, et portant en guise de chapiteau une pierre posée en équilibre sur leur sommet, dont elle dépasse de beaucoup les bords; ce sont là les vestiges d'anciens glaciers ; la glace a soulevé les pierres, et en fondant les a laissés se poser sur la cime d'autres rochers redressés verticalement. On trouve en outre vers Foïnitza les moraines frontales de ces anciens glaciers. Le Vrilo potok change ici de nom pour s'appeler le Mutnitza potok. Les forêts deviennent touffues, et les arbres plus gigantesques ; ce sont d'interminables forêts vierges de sapins, de hêtres, d'ormes, de bouleaux, de hauteur et de dimensions colossales ; les branches tombent jusqu'à terre, et dans les contours où l'horizon du val se découvre on ne voit de toutes parts que des teintes vertes, variant du plus sombre vert des sapins et des mélèzes au vert clair des bouleaux, sur le fond d'un autre vert des herbes qui forment comme des îles de prairies au milieu de cette mer sylvestre. On croise le confluent du Zlatane potok et de la Bistritza dans un tel labyrinthe de troncs et de lianes inextricables que je m'y égarai un jour et perdis plusieurs heures pour en sortir.

On arrive au petit hameau de Schebesitch, isolé dans un véritable parc de sapins et de pelouses, à 1,200 mètres d'altitude. C'est un poste de gendarmerie au milieu de cet amas de montagnes, au cœur de la Bosnie, qui a été longtemps un repaire inexpugnable de brigands. Quelques sentiers ont permis aux gendarmes de pouvoir explorer entièrement et de chasser les derniers malfaiteurs. Le hameau n'a guère que deux chalets et la caserne, le tout appartenant aux gendarmes et à leurs familles. Près de là, de hautes mottes de terre, couronnées de sapins, indiquent d'anciens travaux de mines.

Là-haut les soirées sont toujours fraîches, les étoiles scintillent davantage dans le ciel plus noir : on dirait qu'elles frissonnent de froid. Le matin, la rosée répand comme une nappe d'argent sur les prés et enveloppe les forêts d'une buée transparente. Telles sont les matinées de chasse de septembre, où les grives, les alouettes, les pics volent de tous côtés, chantent et font résonner les arbres de leurs coups de bec à la recherche des fourmis ou du miel. L'eau des fontaines est claire et glacée.

Au delà de Schebesitch, vers Foïnitza, les forêts recommencent, plus immenses, plus impénétrables que jamais ; elles sont parmi les plus anciennes et les plus considérables de l'Europe. Trois heures durant, on monte à travers leur enchevêtrement sans que le soleil pénètre jusqu'au sol. Des troncs à demi renversés, d'autres écroulés sous les coups de vent et les éclats de la foudre obstruent maintes fois le passage, et toujours de tous côtés, les troncs droits, rugueux ou lisses, longs et élégants comme des colonnes de cathédrale, se perdent en haut dans des nuages de feuilles vertes. Un voyageur que j'accompagnais un jour, de caractère impatient, finit par se fâcher contre cette procession ininterrompue d'arbres toujours les mêmes. Sans la précaution qu'ont prise les Romains, il y a fort longtemps, d'empierrer leur voie, ce qui permet encore de la retrouver, on s'égarerait facilement dans ces colonnades de troncs.

Après le col de Stit, à 1,700 mètres d'altitude, lorsqu'on descend, les arbres s'éclaircissent devant l'horizon qui s'élargit, le rideau des forêts se déchire, la vue s'étend sur des montagnes couvertes de forêts, des vallées et des rivières. Si le ciel est pur, on distingue vaguement Seraïevo, à 80 kilomètres.

Pour descendre les mille mètres de différence de niveau, il faut rentrer sous les bois interminables et suivre des pentes escarpées. On arrive aux moulins de Prokos, d'où un sentier, le long d'une petite rivière, dans un vallon ombragé, mène à Foïnitza. J'ai fait deux ou trois fois d'une seule traite le trajet de Prozor à Foïnitza, en quinze heures de cheval, partant à quatre heures du matin pour arriver à neuf heures du soir, et je n'étais pas fâché de trouver à Foïnitza le souper et le gîte, quels qu'ils fussent.

CHAPITRE VI

FOÏNITZA

La ville. — Le couvent des franciscains. — L'hôtel Matthias. — Musique bosniaque. — Le carnaval, jeux populaires. — Le kolo, danse nationale ; les sorciers, une représentation dramatique. — Le carême, la Pâque. — Un grand dîner, la Ramazan, la fête des enfants.

Je me rappelle surtout la première nuit que j'arrivai à Foïnitza, venant de Prozor. Il était nuit noire ; dans les ténèbres nous longions, mon guide et moi, des maisons noires isolées ; puis nous passions deux ponts de bois où résonnaient les pas de nos chevaux : enfin nous pénétrions dans des rues noires, étroites, aux maisons basses, sans lumières. Seul un minaret blanc nous envoyait un peu de clarté : pas une âme dans cette ville, qui semblait morte. Enfin nous arrivions à la porte d'une auberge, maison turque à petites fenêtres, avec un seul étage en surplomb sur la rue : la porte était surmontée d'un drapeau qui n'avait plus de couleurs. Nous frappions à une porte donnant sur une cour, et l'hôtelier, un gros homme à la figure réjouie, se trouvant nez à nez avec les museaux de nos bêtes fatiguées, reculait comme si nous étions des brigands, pour le déranger ainsi au milieu de la nuit, nous criait qu'il n'avait plus de place, et, faisant claquer la porte avec bruit, la fermait à double tour.

Il fallut alors chercher un autre logis. Je pensai à la gendarmerie, si hospitalière à Schevesitch, et cette fois nous fûmes plus heureux. Les gendarmes n'ont pas peur des brigands et je goûtai un repos profond sous l'égide des sabres, fusils et revolvers qui ornaient tous les coins de ma petite chambre. Par exemple, il était trop tard pour souper, mais ce jeûne me prédisposa peut-être à dormir.

Le lendemain, je retournai à l'auberge d'où j'avais été exclu la veille ; elle s'appelait « Zum billigen Matthias », *Au Matthias bon marché,* et n'existe plus aujourd'hui ; mais elle était si bien le type de l'ancienne hôtellerie qu'on ne trouvera pas mauvais que je ne parle que d'elle à Foïnitza.

L'aubergiste, un Bohémien, ou plutôt un Tchèque, à la face large ornée d'une pipe qu'il ne quittait jamais, avoua le trouble que lui avait causé mon arrivée, et fit tout son possible pour réparer sa bévue. Naturellement il ne put donner que ce qu'il avait, comme dit le proverbe : les lits étaient durs et les oreillers mous; la couverture était cousue au drap, mais on finit toujours par arranger les choses à sa convenance. Je croyais passer alors quelques jours seulement à Foïnitza; j'y passai huit à neuf mois : on comprendra que le souvenir en soit plus vif et les détails plus intéressants que ceux d'un passage hâtif à une époque ultérieure.

Chaque rue de Foïnitza est parcourue par un ruisseau profond, courant tantôt au milieu de la rue, tantôt sur un des côtés, et destiné à emporter les détritus; mais il paraît être encore insuffisant, car il en reste beaucoup, et les jours où il a plu ou neigé, il faut des bottes pour passer dans la rue, où la boue dispute la place aux détritus. Ces rues sont très étroites, sauf la rue principale qui divise Foïnitza en deux moitiés, et encore elle ne s'élargit guère qu'en son milieu, vers la grande mosquée, où elle forme une sorte de place où se tient le marché, la *tcharchia;* cependant ce mot de tcharchia s'applique également à toute la petite ville de 1,600 habitants, chef-lieu de district, avec siège de justice, poste et télégraphe, recette des finances, etc. La rue principale, sinueuse et où débouchent toutes les rues latérales, est, comme celles-ci, bordée de maisons basses, ou plutôt de toits, car les maisons à un étage sont très rares. Les toits descendent un peu plus bas que la hauteur d'un homme de taille moyenne, de sorte que, le soir surtout, lorsque les murailles de bois ou de terre sont dans l'ombre, et les toits en forte pente seuls éclairés par la lune, l'on ne voit qu'une enfilade de toits se faisant vis-à-vis, comme si, dans une autre ville, on voyageait à la hauteur des toits. S'il en est ainsi pour la rue principale, *oulitza*, on peut se figurer ce que sont les rues transversales ou *sokak*. Ce sont des passages plutôt que des rues, entre deux palissades de bois, quelquefois éventrées, et laissant passer les mauvaises herbes grimpantes, avec des portes à deux battants penchées à la fois sur le côté et en arrière; par-ci par-là, un toit pointu surmontant une paroi en planches ou en terre, chacun de son côté menaçant ruine et ensemble se faisant équilibre, comme un château de cartes tombées au hasard.

Chaque rue a un nom peint en noir sur un écriteau de bois, comme *Adrovith sokak*, etc. On emploie les noms des plus anciennes familles de l'endroit; mais les numéros ne sont pas limités au nombre de maisons ouvrant sur une même rue :

il y a autant de numéros que de maisons dans toute la ville. Parmi les maisons possédant un étage, il y a d'abord le *konak*, siège de la justice, de l'administration, des finances, de la prison, etc., maison turque reblanchie et précédée d'un jardin de rosiers qui lui donne un air de gaieté. Il y a aussi l'hôtel Matthias; un autre hôtel turc tout neuf, où les lits sont remplacés par des divans de bois nu faisant le tour des chambres : on s'y roule dans des couvertures. Le nouvel hôtel, qui est la plus belle maison de Foïnitza, était à mon premier passage en construction au milieu de la rue principale. Enfin, les rares maisons qui ont encore un étage sont louées par les fonctionnaires de Foïnitza; elles ont tout l'air de résidences temporaires. Les Turcs bâtissaient pour eux et non pour leurs enfants; on rebâtit la maison quand elle tombe en ruine sur ceux qui l'habitent, et qui parfois vont rebâtir ailleurs, ce qui explique les bâtiments vermoulus de Foïnitza. Dans les maisons turques, on remarque certaines fenêtres à barreaux de bois en croisillons, qui indiquent la place du harem.

Cette insouciance des gens du pays est bien plus apparente encore lorsqu'on entre dans un magasin, ou petit bazar, tenu par un Turc; si

l'objet que vous demandez n'est pas à portée de
la main du marchand, celui-ci aimera mieux dire
qu'il ne l'a pas, et perdre le bénéfice de la vente,
que de se déranger pour aller le prendre. Il y a
heureusement à Foïnitza un bazar où l'on trouve
un peu de tout ce qui est de première nécessité,
et qui est tenu par un Bosniaque, Mato Koulier,
qu'on prétend être d'origine française : Coulier.
En tout cas, ce personnage ignore la langue française.

Le soir, ces rues nombreuses et étroites sont
éclairées par quelques lampes à pétrole entourées
d'un vitrage, à la façon des réverbères, et qui sont
distribuées avec parcimonie aux endroits les plus
nécessaires, où l'on risque de trébucher ; et encore
les nuits de lune, cet astre fait seul office de
réverbère général.

Sauf les quelques maisons citées tout à l'heure,
et l'école, joli bâtiment blanc entre deux bras de
la rivière qui entoure Foïnitza de son demi-cercle,
tout est bâti en bois, et s'il arrivait qu'une seule
de ces maisons prît feu, toute la ville brûlerait en
quelques heures. Il n'y a pas longtemps, du reste,
que cela est arrivé ; mais une pareille ville est
presque aussitôt rebâtie que brûlée, et ne peut
que gagner à chaque nouvel incendie. Je n'ai vu

brûler qu'une maison, située par bonheur hors de la ville, mais elle a été réduite au niveau du sol avant que l'unique pompe ait pu lui porter secours.

La ville, déjà divisée en deux par la grande rue, est encore divisée perpendiculairement à cette rue en deux quartiers : le quartier turc et le quartier catholique; il n'y a pas de Serbes ou orthodoxes. Le quartier turc seul, situé au nord et au nord-ouest, en amont de la rivière, possède des mosquées. Le quartier catholique est dominé par le couvent des franciscains. Ce couvent immense, à cinquante-deux fenêtres de façade, est adossé à une vaste église de style oriental, avec coupole et clocher surmonté d'une boule et terminé par une pointe, le tout couvert d'une toiture en feuilles de zinc peinte en rouge. Ces deux bâtiments, construits à flanc de coteau, à quarante mètres au-dessus de la ville, sont précédés d'une terrasse reposant sur de hautes fondations en maçonnerie, ce qui leur donne l'aspect d'une vieille forteresse; au-dessus du couvent commencent des bois touffus dans lesquels les religieux ont ouvert des allées de promenade et des jardins. De la terrasse du couvent, on embrasse toute l'ellipse de montagnes boisées dans laquelle est encaissée Foïnitza, et dont le

FOÏNITZA ET COUVENT DES FRANCISCAINS.

fond est arrosé par la belle rivière la Foïnitzka, dont l'eau, très limpide, est agréable à boire; cette rivière coule sur l'un des côtés de la vallée très encaissée et sort par une coupure étroite en faisant un brusque détour.

La ville de Foïnitza apparaît au pied de la terrasse entourée de trois côtés par la rivière qui décrit un arc de cercle sous de beaux ombrages, à côté de prairies et de jardins. Du reste, il existe beaucoup de petits jardins dans l'intérieur même de Foïnitza, et, au printemps, lorsque les lilas sont en fleurs, la ville, vue d'en haut, ressemble à un grand jardin semé de chalets dont on ne voit que les toits. En face du couvent s'élèvent les pentes fertiles de Bania et Loutchitza; sur la gauche, les montagnes plus sauvages et couvertes de bois de Cemernitzka et Stit.

Le monastère possède lui-même un véritable parc, avec jeu de boules et jeu de quilles; à chaque point de vue s'élève un kiosque, ou du moins se trouve un banc de bois. C'est une promenade ouverte à tous, en attendant l'achèvement d'un jardin public et d'une promenade avec quais le long des rives de la Foïnitzka.

A l'intérieur, le couvent est formé de deux corps de bâtiments à angle droit, l'église faisant le troisième côté d'un quadrilatère dont le quatrième côté est formé par la montagne. Un cloître très simple fait le tour des bâtiments. Ce monastère est de construction relativement récente, il ne remonte guère qu'à cent cinquante ans. Mais il a remplacé l'ancien couvent, qui était le plus ancien de la Bosnie, le monastère du Saint-Esprit, « Sveta Doucha ». L'église est la plus belle et la plus riche en ornements antiques de toutes celles de la Bosnie et de l'Herzégovine; elle est en forme de croix avec une seule nef et une coupole centrale; au fond une vaste tribune, avec orgue-harmonium, est réservée aux religieux qui chantent la grand'messe. L'église est toujours pleine de monde le dimanche, les catholiques formant la plus grande partie de la population.

Le couvent renferme de grandes et belles salles, confortables derrière leurs épaisses murailles, creusées de fenêtres profondes, par où l'on a une vue magnifique. La bibliothèque possède des ouvrages de grande valeur : des incunables, de vieux manuscrits, dont l'un, qui porte une date du dixième siècle, contient la liste des principales familles de Bosnie, d'Herzégovine et de Dalmatie, avec leurs armes; des ouvrages dans toutes les langues, Montesquieu, Racine, Corneille en français, dans des éditions datant de plus de cent ans ; un herbier complet de la flore bosniaque ; enfin de vieilles chartes, dont le firman de 1463, qui a régi jusqu'en 1879 les sujets catholiques de la Turquie en Bosnie et en Herzégovine. Il est concédé aux franciscains de Bosnie, défend à quiconque d'inquiéter ou de molester les catholiques ; leur reconnaît toute liberté pour leurs âmes, leurs demeures et leurs églises. Il est signé de Méhémet Khan qui jure de l'observer au nom du Créateur du ciel et de la terre, des sept livres saints du grand Prophète, des cent quatre vingt-quatre mille prophètes et du saint glaive. Ce document est adressé au père Angelo Zvidovitch, général des franciscains de Bosnie en 1463. Chaque sultan jurait à son avènement d'observer ce firman ; mais on peut voir par l'histoire que cette observation n'a pas été bien rigoureuse. C'est la pièce la plus importante que possède le monastère de Foïnitza. Avec ce firman, Mahomet II donna au P. Zvidovitch un pallium bleu à fleurs d'or, d'étoffe orientale, que l'on voit encore, et qu'on porte aux grandes cérémonies.

On descend du monastère vers la ville en traversant la place plantée de tilleuls, et descendant un chemin en zigzag, qui passe au fond d'un ravin orienté vers l'ouest, et par lequel arrivent eu hiver jusqu'à l'église les derniers rayons du soleil, qui filtrent entre les montagnes de Zetz et de Matoratz.

L'hôtel Matthias servait de lieu de réunion aux divers fonctionnaires de Foïnitza : ils y trouvaient une tonnelle, un jardin, un jeu de quilles; ce jeu a fait fureur partout en Bosnie dès l'occupation antrichienne; enfin et surtout la bière était excellente. Pour moi, ce que j'appréciais le plus, c'était le jardin, où je me donnai le plaisir de suivre la croissance des fleurs et de jouir de tous les charmes du printemps. Ce printemps en Bosnie est resté pour moi un souvenir particulièrement vif. Entre sept et huit heures du soir, arrivaient l'un après l'autre les fonctionnaires, sinon tous les jours, du moins les jours du courrier, c'est-à-dire trois fois seulement par semaine. La poste vient de la station du chemin de fer de Visoko, à trente et quelques kilomètres. Les soirées durent parfois jusqu'à deux ou trois heures du matin à jouer aux cartes, fumer des pipes, boire de la bière, et jeter un coup d'œil sur les journaux, qui sont un événement, mais de peu de durée.

Le lieu de réunion était la salle à manger de

l'hôtel. Mais je ne sais pourquoi j'appelle cela un hôtel, il y avait deux chambres à coucher : et fort petites. Je me rappelle avoir trouvé là à mon arrivée deux Français, et n'ayant pas encore l'habitude du monde autrichien nous fîmes quelques bévues. La salle à manger, avec ses bancs de bois, ses chaises de paille et ses murs blanchis à la chaux, ornée des portraits en chromo de l'archiduc Rodolphe, de sa femme, et de toute la famille impériale, était décorée du nom pompeux de casino.

Nous étions si heureux de nous rencontrer et de parler français que nous entrâmes au casino sans saluer personne, et notre dîner se passa en éclats de gaieté qui causèrent du scandale : les dames crurent peut-être que nous les trouvions ridicules. Il faut savoir qu'en Autriche il est d'usage, même au restaurant, de saluer les personnes présentes, et de se présenter. A Foïnitza, les étrangers étant une distraction exceptionnelle, il était dur de se voir privé de faire leur connaissance. Heureusement, le lendemain même, arriva à Foïnitza le préfet de Seraïevo, baron M..., qui mit tout le monde à l'aise ; il nous présenta, et quand je restai seul à Foïnitza, un peu plus tard, je trouvai tout le monde disposé à me rendre service, et la société aussi agréable, plus peut-être, que dans nos petites villes de province. Ce n'est pas à moi à faire l'éloge du préfet de Seraïevo, mais je puis bien dire que son souvenir m'est resté comme un type de gentilhomme d'autrefois ; je l'accompagnai à son départ en traîneau, galopant à ses côtés dans la neige jusqu'à vingt kilomètres de Foïnitza, et en rentrant je fis une chute, mais sans gravité : ma jument glissa sur la neige durcie, étant au grand trot, et je me trouvai à terre, la bride encore dans ma main et la selle dans la neige, sangle rompue.

Il avait passé avant moi à Foïnitza deux ingénieurs anglais ; ces pauvres gens ignoraient l'allemand : pour la moindre question à un paysan bosniaque il leur fallait deux interprètes, l'un français-allemand, l'autre allemand-croate. Il paraît qu'ils repartirent sans pouvoir expliquer ce qu'ils voulaient faire dans le pays.

Les Autrichiens se piquent de littérature. Je trouvai à l'hôtel Matthias à qui causer de nos écrivains français. Naturellement, l'Autriche étant la patrie des grands musiciens, on aime aussi la musique. Un juge, ou bien un ingénieur, me fit un jour un parallèle à la manière classique entre Zola et Wagner ; je ne m'attendais guère à voir celle association, mais on va voir qu'elle témoigne au moins d'une appréciation originale de Zola :

— Zola, disait-il, peint comme Wagner l'éternel féminin qui ne trouve pas sa réalisation, ou qui la trouve trop tard, ou qui, malgré tout, demeure inassouvi. » Ceci était dit d'un ton bourgeoisement solennel !

— Mais, disais-je, je n'ai cependant pas vu tant de choses dans Zola.

— C'est que vous l'avez lu sans réfléchir. Voyez Son Excellence Eugène Rougon, l'éternelle langueur de l'abbé Mouret, etc. C'est absolument concordant avec Lohengrin, Tristan, Tannhauser. Le désir finit par un effondrement ou une désillusion.

L'effondrement pour moi était de voir l'idéalisme transcendantal de Wagner identifié au réalisme de Zola. Mais j'étais jeune et j'ouvrais de grands yeux à cette phaséologie du *vague à l'âme* allemand. Je crois même avoir entrepris la lecture d'un roman allemand ; mais régulièrement au bout de quelques pages je m'apercevais que je lisais des yeux seulement, en pensant à autre chose. Le *vague à l'âme*, la *sehnsucht*, comme disent avec langueur les Allemands, le *dor* roumain, c'est en dehors de notre état d'esprit. En musique, cela passe, pourvu encore que cela ne dure pas trop longtemps ;

mais en littérature, en philosophie surtout, c'est insupportable.

Lorsqu'il faisait beau temps, je sortais à cheval, soit pour visiter les mines, soit pour galoper sur les grandes routes; il fallait tous les jours, autant que possible, sortir les chevaux. Lorsqu'il neigeait ou qu'il pleuvait nous faisions d'interminables parties de quilles pleines d'entrain. J'étais devenu familier avec tout le monde, et on sait que les Autrichiens aiment beaucoup, au bout d'un certain temps, se tutoyer et s'appeler par leur petit nom. C'est une variété du *sehnsucht*. Le tambour en bois du jeu de quilles nous renvoyait nos boules irrégulièrement, de sorte que nous préférions payer un gamin pour ce service, et pour relever les quilles abattues. Le père et le fils Matthias jouèrent souvent seuls avec moi, et c'était plaisir de les voir se démener à ce jeu et y mettre autant d'entrain certainement que Wagner en mettait à composer la Tétralogie!

En hiver, dans les soirées, les deux Matthias nous régalaient de musique, mais non wagnérienne. Ils avaient un harmonica et un violon; parfois un paysan bosniaque apportait sa guzla, mais je n'aimais pas cet instrument. Jouant moi aussi du violon, je rivalisais d'abord avec le fils Matthias, qui s'appelait Jeanny, et me trouvant plus fort que lui, je lui donnai des leçons. En revanche, il me donna d'utiles leçons de langue croate : il savait l'allemand.

La guzla est un violon à coquille très bombée par-dessous, avec une table plane sur laquelle sont tendues quatre ou cinq cordes. On en joue sans archet, avec une pointe de cuivre, et dans un mouvement très rapide, de plus en plus rapide. L'effet produit est une crépitation monotone sans intérêt musical autre que celui de sa bizarrerie. Quant aux Bohémiens, comme le père Matthias, ils ont toujours d'excellents violons qu'ils savent découvrir, car ils sont passionnés pour la musique; en les écoutant jouer leurs mélodies ou les chants croates ou serbes, on sent qu'ils y mettent toute leur âme; ils en sont pénétrés profondément, et inconsciemment ils l'expriment avec une intensité dont peu d'exécutants sont capables : ce n'est qu'ainsi que l'on comprend la véritable valeur de leurs mélodies. Les Hongrois et les Tziganes ont aussi leurs chants originaux; mais de plus ils improvisent des variations bizarres et étourdissantes sur des thèmes curieux de leur pays; ces variations ont un peu le tort de toutes se ressembler. Quant à la musique française, comme la musique allemande et la musique italienne, elles ont encore peu pénétré à Foïnitza. On me demanda d'écrire de la musique française en duos pour deux violons, et nous passâmes ainsi quelques soirées agréables à faire et à écouter de la musique de tous pays : les fonctionnaires de Foïnitza, étant tous de Bohême ou de Pologne, étaient comme tels grands amateurs de mélodies. On les choisit en général dans ces pays, à cause de l'analogie entre leur langue et la langue serbe, qu'ils apprennent ainsi sans difficulté et en quelques semaines.

Ces soirées contribuèrent beaucoup à faire passer rapidement un printemps capricieux, où la neige et le soleil se succédaient sans intervalle par très courtes périodes ; une semaine se passait à ramener la neige que la semaine précédente avait fondue. On profitait cependant des beaux jours pour faire de grandes parties de traîneau ou de voiture sur la grand'route jusqu'à une auberge ou *han* turc à neuf kilomètres : c'était un lieu de rendez-vous pour les excursions, au bord de la Foïnitza, rivière large et profonde, ombragée de grands arbres, bordée d'un côté par des prés, de l'autre par des pentes abruptes, mais couvertes de verdure et couronnées par le joli village de Plotchari. Je n'ai guère passé de jour sans faire une course, quelque temps qu'il fît, soit pour visiter

visiter des mines, soit vers Stchitovo, soit dans le petit val de Prohos, très romantique dans son encaissement de pentes boisées dominées par les hautes cimes de Matoratz et de Stit; soit au village de Bania, sur une pente de prairies exposée en plein midi, et possédant une source d'eau chaude et une primitive salle de bains; au printemps et en été, les bains froids de la Foïnitza sont bien préférables.

La route en hiver est par endroits couverte d'une vraie couche de glace; il faut alors que les chevaux aient un fer spécial : en Bosnie le fer ordinaire est plein, avec trois trous en triangle au centre; pour la glace, il y a de plus trois fortes pointes, une en avant, et deux en arrière : elles adhèrent souvent trop bien dans la glace; par contre, lorsqu'elles sont émoussées, le cheval risque de glisser des quatre fers.

Étant arrivé à Foïnitza pour m'y installer, les premiers jours de janvier, peu de temps après ma rencontre, que j'ai rappelée, avec deux ingénieurs français, je fus témoin des fêtes du carnaval, et grâce à Louka Gartchik je pus compléter mes impressions personnelles et connaître toutes les coutumes bosniaques durant cette période. Le carnaval dure de Noël au mardi gras; ce sont les jours les plus gais de l'année. Il n'y a aucun travail à faire, la terre est couverte de neige; la famille est au complet et les nuits sont longues; les jeunes gens, comme partout, rendent visite aux jeunes filles. Tous se réunissent de temps à autre, garçons et filles, mariés et fiancés, vieux et vieilles; toute la nuit, la jeunesse s'amuse à danser, jouer du violon, ou bien on organise des jeux de société, l'anneau dans la cape, l'anneau dans la main, le meunier, le pèlerin, le chasseur, le loup, la grand'mère, la jeune fille, etc.

L'*anneau dans la cape* se joue aussi dans les villes et s'appelle alors l'*anneau sous la tasse*. Les jeunes gens se partagent en deux camps; on pose dix chapeaux sur une table ou sur différents meubles et l'un des deux camps garde un anneau caché sous un des dix chapeaux, tandis que les jeunes gens de l'autre camp doivent le chercher. Chacun à tour de rôle vient soulever un chapeau, celui sous lequel il croit avoir vu mettre l'anneau. Le premier soulève un des chapeaux, en disant : *hambar*, qui signifie hangar; s'il le trouve, il le cache à son tour; sinon il en soulève un autre, en disant *prazno*, c'est-à-dire vide, et ainsi de suite. S'il arrive aux deux derniers chapeaux sans avoir trouvé l'anneau, il en soulève un des deux, en disant *nas*, c'est-à-dire notre. S'il le trouve, il le cache, sinon la partie est à recommencer pour lui; autant il reste de chapeaux non soulevés après avoir trouvé l'anneau, autant il y a de points gagnés pour le camp qui cherche; on additionne le nombre de points gagnés à chaque partie, et le premier des deux camps qui atteint un nombre fixé d'avance est le camp gagnant. L'autre perd l'enjeu proposé, ou bien chacun des perdants doit se soumettre à ce que lui imposera un des gagnants; par exemple, il ira chercher de l'eau à une source fraîche, ou bien il fera trois fois le tour du parc à brebis en aboyant comme un chien; un autre se placera sur une chaise comme pour être rasé, on le couvrira du plus grand chiffon de la maison, et on le rasera avec une pièce de bois en lui tenant le menton, etc.

L'anneau dans la main se joue de la manière suivante : un des garçons prend l'anneau, tandis qu'un autre sort de la chambre. Il cache l'anneau dans la main d'une des jeunes filles et lient à la main un mouchoir roulé de façon à en faire une sorte de lanière. Celui qui était sorti rentre, et doit deviner où se trouve l'anneau : les jeunes filles ont toutes les mains cachées derrière le dos. Chacun à son tour demande à celui qui le cherche : « L'anneau est-il ici? » et il doit répondre oui ou non. S'il se trompe, il dit : « Frappe-moi une fois », et il reçoit un coup du mouchoir roulé. Et ainsi de suite jusqu'à ce qu'il le trouve. Après avoir trouvé l'anneau, il acquiert le droit de le cacher à son tour et de frapper les autres.

Le *jeu de la fiancée* consiste à cacher des anneaux dans la main de toutes les jeunes filles, sauf une qui le cache dans son sein. Un des garçons doit alors chercher sa fiancée, qui est la jeune fille portant l'anneau dans son corsage. Chaque fois qu'il se trompe, il reçoit un petit verre d'eau à la figure. Lorsqu'il l'a trouvée, il cache à son tour l'anneau où il veut. Voici la chanson de l'anneau.

> Hier soir, avant le soir, j'ai trouvé l'anneau
> D'une belle jeune fille ;
> Elle l'a perdu, aussi maintenant
> Elle m'aime volontiers.

Entre chaque jeu, on boit et on chante. Un autre jeu, mais qui se joue surtout en plein air, consiste à bander les yeux d'un jeune homme, à l'attacher par une main à un pieu fixé en terre, et à lui mettre dans l'autre main un grand bâton avec lequel il doit trouver et briser une cruche et un objet quelconque placé au bout d'une perche.

J'ai déjà parlé de ce jeu qui consiste à lancer le plus loin possible d'énormes pierres avec l'épaule.

Tous ces jeux durent de Noël au mardi gras; mais ce dernier jour est le plus gai du carnaval. On prépare différents mets sucrés : crème de maïs, gâteaux feuilletés, palatchinke (sorte de crêpes avec des confitures), d'autres pâtisseries en farine de blé; en outre, de la viande rôtie et du vin, si on le peut. C'est la seule nuit où l'on boive du vin, car on dit ici comme partout : le vin réjouit le cœur de l'homme.

Tout le jour, garçons et filles chantent et dansent le *kolo* « Igra kolo burno lako, etc. », dont voici la traduction :

I

« Elle danse le kolo avec ardeur et légèreté,
« Elle danse, la jeune fille à côté de moi.
« En cercle, les gens assis nous mesurent, nous regardent,
« Ah! quelle merveille c'est pour ceux qui regardent.
« A côté d'elle ses yeux me voient,
« A côté d'elle mon cœur soupire.
« Elle danse le kolo avec ardeur et avec grâce,
« Elle danse la jeune fille à côté de moi.
« You! les petits cœurs battent fort, you! (*bis.*)

II

« Les mains sont entrelacées,
« Les cœurs battent fort,

« Des yeux on se fait signe, des yeux on se sourit,
« Tremblent au jour clair où brille le soleil,
« A côté d'elle ses yeux me voient.
« Tout le ciel est près de moi, mon pied va au ciel,
« Nos mains s'entrelacent
« Et les cœurs battent fort,
« You! les petits cœurs battent fort, you! » (*bis.*)

Quant à la musique de cette danse, elle est aussi simple que ses paroles : le kolo se danse en cercle, en se tenant la main, un jeune homme alternant avec une jeune fille. Quelquefois les jeunes filles la dansent seules.

Pendant qu'on fait des gâteaux d'œufs et de farine, en jetant au feu la coque des œufs, on entend des conversations, comme la suivante, sur les sorciers. On demande à la grand'mère : « Qu'as-tu donc, grand'mère? — Hé, mon *sinko* (jeune fils), je crains un malheur. — Quel malheur crains-tu? — Mon sinko, je crains le diseur de bonne aventure, je dois bientôt mourir. — Ne crains rien, vieille mère, je te donnerai ce soir du rognon de vache. — Ah! ne parle pas ainsi, sinko; je suis la plus âgée ici, et j'ai bien réfléchi! Tais-toi! — Et à quoi as-tu pensé? — A Smaïl-Aga, qui prit un jour cinquante femmes, et les fit jeter à l'eau en disant : « Celle qui ne se noiera pas est la « vraie sorcière. » Seule une Tzigane réussit à se sauver, et elle s'enfuit dans la montagne. Celle-là ne se trompe jamais quand elle prédit un sort. — Ne crois pas cela, grand'mère. — Si, je le crois, sinko, mon âme. — Non, grand'mère, Zaria Zimonitch, frère du pope Akim, qui est mort, m'a raconté une autre histoire. — Quelle histoire, sinko? — Écoute, grand'mère, il ne faut pas que les vieilles femmes craignent les sorciers, mais voici ce qu'a fait Akim Zimonitch — car c'est un malin : — c'est lui qui trouva une Tzigane qui savait nager, la réunit à d'autres qui ne savaient pas nager, et lui donna cent zwanzig. Puis il les montra à Smaïl-Aga en lui disant : « Parmi celles-ci, il y en a une qui est sorcière, c'est elle qui seule sait nager. » Voilà ce que c'est que ta Tzigane, grand'mère, c'est celle du mauvais Smaïl-Aga et du pope Akim. Dieu leur accorde pardon et absolution. » Mais la grand'mère lève les épaules, fait le signe de la croix et s'éloigne en disant : « Peut-être bien qu'il en est ainsi; cependant je crains un malheur. »

J'ai tâché là de donner le genre des conversations qui se tiennent entre paysans : cela montre aussi leur croyance aux superstitions; ils ne font rien sans consulter le sorcier de la montagne ou les vieux derviches, comme celui d'Oglavak, entre

Foïnitza et Kiseliak. Ce dernier porte une longue barbe grise, et des vêtements sordides ; il passe pour très savant et intelligent. Il parle et écrit le turc et plusieurs autres langues. Il est de religion turque et habite le couvent turc d'Oglavak, jolie maison bien exposée sur une colline boisée, voisine de la route.

Le mardi gras est aussi un jour de réconciliation entre les gens qui se sont brouillés à la suite de querelles.

Le soir, il y avait eu représentation dramatique à l'école des enfants. La pièce était naturellement en langue croate ; mais en possédant les éléments de cette langue, et aidé encore par la mimique des personnages, on peut facilement saisir le sens de chaque scène. Le théâtre était une grande salle aux murs blanchis à la chaux, éclairée par quelques lampes à pétrole et séparée en deux par deux rideaux flottants qui, au milieu, s'ouvraient et se fermaient à volonté en tirant sur une tringle, ni plus ni moins qu'à Bayreuth. La scène, de plain-pied avec la salle, n'en était séparée que par les rideaux. Il y avait autant de monde du côté figurant la scène que du côté figurant la salle, de sorte qu'au premier abord on pouvait se méprendre sur leur destination. La salle se remplit peu à peu de

Bosniaques en costumes des dimanches et en fez ou turbans, et enfin la pièce commença. Les Bosniaques prenaient un grand intérêt à toutes les péripéties dramatiques ou comiques, riaient bruyamment et faisaient tout haut leurs réflexions. L'intérêt, diminué encore par le jeu des acteurs, qui semblaient réciter une leçon, n'était vraiment pas palpitant. La scène qui excita le plus d'enthousiasme fut une querelle de ménage, un mari qui battait sa femme ; le duo dura tout un acte, interrompu à chaque instant par les rires, les bravos et les interruptions des spectateurs, qui interpellaient les acteurs. Le personnage principal était véritablement le souffleur : il riait à pleine gorge pour faire comprendre à l'acteur qu'il y avait lieu de rire. Mais personne n'y prenait garde, tout le monde riait. La pièce continua sa marche et se termina au milieu des applaudissements. Les entr'actes étaient remplis par des chansons et des chants nationaux. Il y en a qui sont vraiment beaux ; mais quelques chanteurs, comme il s'en trouve partout, tourmentés par la passion du bruit, criaient de toute la puissance de leurs poumons.

Vers minuit, après les copieuses libations qui accompagnent toujours ces sortes de divertissements, tout le monde, hommes et femmes, sortit de l'école en se donnant le bras et en chantant, et l'on fit le tour des rues noires de Foïnitza à la lueur des torches. Chacun rentrait chez soi en passant devant sa maison, et c'était chaque fois le signal d'un arrêt et l'occasion de se serrer la main en se souhaitant bonne nuit. Minuit du mardi gras est la fin du carnaval.

Alors commence le carême. Pendant la semaine sainte, la grande semaine, comme on l'appelle, on ne se sert pas d'huile, parce qu'elle est renfermée dans des outres en peau de chèvre, et qu'ainsi elle peut avoir absorbé de la graisse. Le peuple va communier surtout le samedi de Lazare, le dimanche des Rameaux et le jour de l'Annonciation. Quelques-uns attendent le dimanche de Pâques : ce sont les grands pécheurs. La période comprise entre Pâques et le jour de Saint-Georges, 23 avril, s'appelle *Prekorizmitch*.

Toutes les cérémonies religieuses de la grande semaine s'accomplissent avec la même foi que j'ai essayé de montrer à la messe de Rama, et cela se comprend mieux encore si l'on remarque que le peuple bosniaque a vécu des siècles et vit encore côte à côte avec les Turcs, et que ceux-ci attachent la plus grande importance à leurs pratiques et les exécutent avec la plus rigoureuse ponctualité. A côté d'une religion extérieure comme celle de Mahomet, il n'y a pas de place pour l'indifférence. Tous les Turcs font leurs ablutions trois fois par jour dans un ordre toujours le même : les pieds, puis les bras, puis les mains, la tête, et enfin la figure et le cou ; la propreté résulte du moins de ces sempiternelles ablutions ; cependant ils les font souvent dans des eaux de ruisseaux dont la propreté laisse à désirer. Ils vont à la mosquée à des heures fixes, se saluent en portant la main droite à la poitrine et au front et en disant de leur voix profonde : *Salamaleka*, « Allah soit avec toi » ; à quoi l'on répond : *Salamerla*, « Et aussi avec toi. »

Le vendredi saint, les catholiques ont conservé une cérémonie dont l'origine remonte au moyen âge. Pendant la lecture de la Passion, au moment du crucifiement, tous les enfants, réunis au milieu de l'église, et munis de grandes verges, font un tapage infernal et un nuage de poussière en fouettant le plancher. Il est inutile de dire avec quel bonheur ils accomplissent ce rite bizarre, dont la durée dépasse dix minutes.

Le soir du samedi saint, le peuple descend en procession avec des cierges et des torches les pentes du couvent et remonte avec les cierges allumés. Puis l'on tire les boîtes et l'on fait retentir les armes à feu. Tout le jour de Pâques, dès le lever du soleil, les boîtes retentissent. Ce jour-là, la grand'messe est plus abondante encore en quêtes que les dimanches ordinaires : je n'ai pas compté moins de huit grands individus à longue mèche, portant une tire-lire au bout d'un long bâton pour recevoir les offrandes, et tout le monde donne, même les moins fortunés. Après la grand'messe, on va en visite se congratuler d'avoir fini le carême, et c'est à peine si l'on peut dîner chez soi, car jusqu'à quatre heures le temps se passe à boire et manger des gâteaux ou du jambon frais, les uns chez les autres.

L'époque des semailles du printemps, qui arrive en général pendant le mois de mars, est marquée par une coutume particulière. Le premier sillon doit être tracé par le meilleur laboureur de l'endroit, qui porte le titre de *tezchah-batcha*. Si ce dernier est de religion orthodoxe, il fait venir le pope pour dire les prières sur les semences. Le maître va devant, tenant le joug, puis vient le pope avec la croix et l'eau bénite. Après le pope marche un des fils de la maison, portant sur ses épaules un sac plein de froment qu'il jette dans le sillon à mesure qu'il est tracé : on laboure le champ de haut en bas.

On sait de même si le *tezchah-batcha* est mahométan : le *hodja* dit des prières mahométanes, et de plus on couvre les bœufs d'un drap vert, et on leur met aux cornes des pommes vertes. Les catholiques font simplement bénir leurs champs.

Un des soirs de la semaine de Pâques, je fus invité à un dîner de cérémonie auquel assistaient des Turcs. On nous servit d'abord un potage, puis cinq ou six mets quasi européens, mais se suivant l'un l'autre à plusieurs quarts d'heure d'intervalle ; de la sorte un dîner arrive facilement à durer quatre ou cinq heures. Les intermèdes entre l'apparition de deux mets successifs étaient remplis de diverses manières ; l'on chantait ; l'on faisait des discours, toujours les mêmes, et renfermant chacun trente-six fois la même idée, dans des termes à peu près semblables, et terminée chacune par le fameux *ako Bog da*, prononcé sur une note de contre-basse, à quoi tout le monde répond *Amen* sur des notes diverses. On pouvait aussi, comme je le fis, faire consister l'entr'acte en une promenade nocturne : c'était la nouvelle lune ce soir-là ; les rues étaient noires comme de l'encre ; je ne rencontrai personne pendant les premiers entr'actes ; vint enfin la série des desserts : des fruits venant de Mostar, surtout des cerises et des figues, et en fait de gâteaux de véritables *mehlspeiss* allemands, faits de farine, d'œufs et de sucre, les uns au chocolat, d'autres aux confitures; d'autres enfin, on ne l'inventerait pas, à la choucroute : on en met partout où il y a des Allemands ou des Slaves. Le tout est arrosé de bière, et, pour les gourmets, de vins rouges et blancs de Mostar; le vin est un vrai luxe et on le redoute autant qu'on aime la bière; quelqu'un qui boit du vin à ses repas passe presque pour un ivrogne. Les Turcs ne buvant pas de vin — cela leur est défendu par leur religion — buvaient un certain sirop mêlé de beaucoup d'eau; on réussit cependant à faire avaler à l'un d'eux, malgré la solennité de sa tenue, un verre de vin rouge; il n'osa plus l'avouer ensuite. L'attitude des Turcs était irréprochable à table : ils gardaient leur turban et leur manteau vert, ne se déridaient presque pas et se tenaient enfin avec beaucoup de dignité. Ils burent cependant aussi un peu de bière dans un grand bock de la capacité d'un litre et qu'on appelait « le verre du prieur ».

Le dîner était agrémenté par la musique d'un impitoyable harmonica, qui s'interrompait seulement pour permettre aux convives de chanter quelques chansons bosniaques ou slaves. Quelques-unes, comme l'hymne serbe, le *Gdiè stanak moi*, « où est ma patrie » ; l'hymne polonais *Ioch polska nije izguinoula* (1), et d'autres encore sont fort beaux et étaient dits par de belles voix. Mais il y avait aussi des chants tout à fait lamentables, dits par un grand Turc à la voix désolée. Ce pauvre Turc avait un jour entendu un air de la *Norma*, et depuis il réclamait toujours la *Norma*. Un autre Turc voulut se distinguer à son tour : sa spécialité était de posséder une voix de stentor et de s'en servir à faire craindre qu'il ne la perde, malgré sa puissance. Il se servit de cet organe tonnant pour psalmodier, en s'accompagnant du violon serbe, qu'il grattait en cadence sur un ton monotone. Il psalmodiait d'un mouvement rapide des litanies sans fin, également sur trois notes en désaccord avec celles du violon, et cela en augmentant et diminuant par brusques saccades l'intensité des sons qu'elle émettait. Cela me rappelait la musique chinoise, qui ne connaît pas les demi-tons. Les paroles qu'il chantait avaient une originalité du même genre, sans beaucoup plus de variété que la musique.

(1) « La Pologne n'est pas encore perdue, tant que nous vivons. »

Pendant l'un des derniers entr'actes entre les plats, comme je parcourais les rues noires de Foïnitza, je me heurtai tout à coup à cinq Turcs portant une lanterne, une clarinette et deux tambours ; le cinquième ne portait rien. Je reconnus un usage du Ramazan : c'est le jeûne turc ; il dure trente jours, et à cause du calendrier turc non réformé il parcourt en trente ans toutes les saisons de l'année. Pendant sa durée, chaque nuit, à minuit, cinq Turcs parcourent le village avec une lanterne, en jouant une marche sur la clarinette et le tambour. Le jeûne consiste à ne rien manger durant le jour ; mais la nuit on peut prendre sa revanche et l'on ne s'en fait pas faute. Les cafés ou *han* turcs restent ouverts jusqu'à minuit : on mange, on boit, on rit et on chante, et le Prophète est satisfait. En même temps, le balcon circulaire qui couronne chaque minaret à la base de la pointe en cône qui le termine est éclairé d'une ou plusieurs douzaines de chandelles, et le muezzin apparaît de temps en temps au milieu des chandelles pour rappeler de sa voix traînante que l'on doit jeûner pendant le Ramazan et glorifier Allah ; puis il redescend de son auréole et va manger et boire avec les autres confrères.

Je ne sais ce qui se passa à la fin de ce dîner

interminable : il était trois heures lorsque je profitai d'une occasion quelconque pour filer à l'anglaise, pendant qu'on clamait d'un côté et qu'on dansait de l'autre, et m'en aller rejoindre mon lit, les oreilles encore bourdonnantes de tout ce bruit.

A un autre dîner à l'hôtel Matthias, à l'occasion du départ du sous-préfet ou *pristoïnik*, dont tout le monde regrettait le déplacement, assistait le prieur des franciscains. A cette occasion, j'entendis plusieurs personnes et ce religieux lui-même parler si bien de la France que je dus exprimer dans un toast bosniaque combien j'étais sensible à cette attention. Le religieux dit en quelques mots que « la devise de la nation française : liberté, égalité, fraternité, n'est pas autre chose que la morale de l'Évangile, et que c'est la France qui l'a répandue dans le monde entier, même en Dalmatie et en Bosnie, souvent au prix de son sang; que c'est par là qu'elle est connue et aimée partout. C'est grâce à elle qu'il n'y a plus nulle part maintenant d'autre supériorité que celle du talent, du travail et de l'honneur ». Je fus charmé de l'apprendre.

Je fus aussi invité à dîner au couvent des franciscains, en l'honneur de la fête du supérieur. Le dîner fut servi dans une longue salle aux profondes fenêtres donnant sur les collines verdoyantes de l'autre côté de la vallée. L'hospitalité fut digne de ce qu'elle est partout; nulle part on n'est mieux reçu que dans les couvents. La plupart des religieux de Foïnitza sont nés en Bosnie; ils jouissent de la faveur du gouvernement autrichien, et ils l'ont bien méritée, car c'est à eux que la Bosnie doit d'avoir résisté plus de quatre siècles à l'influence et à la religion turques, et d'avoir conservé au catholicisme plus d'un tiers de sa population. Un quart à peine est encore turc, et le reste est orthodoxe. C'est en somme aux franciscains que l'Autriche doit l'influence qu'elle possède en Bosnie.

Les franciscains n'ont pas d'école pour instruire les enfants, mais ceux-ci reçoivent dans les écoles officielles une instruction suffisante et obligatoire comme en France. Ils paraissent aimer beaucoup leurs instituteurs, qui ne se ménagent pas non plus pour eux et de plus leur font souvent faire des promenades dans la campagne. Il y a chaque année un jour qui s'appelle la fête des enfants. J'avais été invité avec les fonctionnaires par le maître d'école à passer l'après-midi avec les enfants dans une grande prairie entourée de montagnes, à une petite distance de Foïnitza. Les enfants y étaient depuis le matin, et ils avaient dû terriblement s'ébattre, à en juger par l'appétit avec lequel ils avaient dévorés les hécatombes d'agneaux rôtis à la broche dont il ne restait que les carcasses encore suspendues à des clous. A notre arrivée, toute la bande se réunit, drapeaux slaves et autrichiens en tête, maître et maîtresse d'école en queue, et descendit à notre rencontre ; beaucoup portaient en écharpe de grandes couronnes de verdure d'où s'échappaient des rubans aux couleurs nationales. Le plus grand des garçons nous souhaite la bienvenue, et (le *pristoïnik*, le plus haut magistrat du district, remercie ; puis on remonte la pente en chantant, les drapeaux flottent au vent, et l'on s'assied sous une cabane de verdure où nous attendaient à l'abri du soleil des tonneaux de bière, des paniers d'œufs durs, et tous les accessoires d'un dîner champêtre.

L'après-midi se passe à distribuer des prix pour la course plate, la course d'obstacles, la course en sac, la lutte, etc. Tous ces jeunes Bosniaques sont très adroits aux exercices du corps, et se disputent les prix avec un véritable acharnement. Rien de plus gai que toutes ces figures riantes et ces costumes élégants de couleurs claires et variées : la veste jaune ou bleue sans manches, ouverte sur la chemise rayée bleu et blanc ; la ceinture rouge, bleue ou aux trois couleurs slaves, la culotte bleue ou blanche, serrée au mollet, d'où sortent les pieds nus — c'est l'habitude ; — enfin le fez rouge, crânement posé en arrière. C'est un genre de pittoresque qui manque dans nos pays.

Entre temps, on chantait un air assez curieux dont chaque phrase se terminait par des mots semblables : « *Ou zorou, pre zorou, na prozorou* » : « à l'aurore, avant l'aurore, à la fenêtre », dits sur un mode plus lent et un ton plus bas.

A la nuit tombante, la retraite sonna, et tous en rang, suivant les magistrats plus graves, et chantant en chœur, reprirent les sentiers conduisant à Foïnitza. La discipline n'était pourtant pas bien sévère, les rangs se rompaient souvent, et l'on s'amusait à faire porter les couronnes par des chiens, qui s'en empêtraient, ne pouvant faire un pas sans mettre les pieds dedans.

CHAPITRE VII

PAYS ET GENS DE FOINITZA ET DE KRECHEVO

Les paysans bosniaques, les chercheurs de mines. — Les anciennes mines. — Vieux châteaux et légendes. — Kiseliak, ville d'eaux. — Krechevo et ses mines. — Un vieux mineur français. — Visoko. — Ilidgé, l'attraction des touristes.

Les paysans de la campagne de Foïnitza, comme ceux de Prozor, Rama et Vakouf, sont en général d'une intelligence peu développée. Quelques-uns se récréaient beaucoup un jour à regarder un petit chien qui faisait des tours, et dont l'intelligence les confondait d'admiration. Le maître du chien se tourna vers eux et leur dit gravement que bientôt il saurait lire et écrire. Les Bosniaques n'en parurent pas étonnés le moins du monde; ils se regardèrent les uns les autres en branlant la tête d'un air capable, et parurent convaincus que rien n'était impossible à un animal aussi intelligent.

Ces paysans bosniaques sont hospitaliers, bien que défiants et rusés; mais leur vice caractéristique, qui est celui des Orientaux en général, c'est la paresse. J'admirais chaque soir le pâtre du couvent de Foïnitza; il préférait passer plus d'une heure à s'égosiller sur la terrasse du monastère en roulant des *r* sur le mode grave, et déclamant des *a* sur le mode aigu, pour appeler ses porcs et ses moutons qui paissaient en bas dans les prairies, plutôt que d'employer un quart d'heure pour aller les chercher et les ramener. Ces animaux faisaient la sourde oreille avant de s'arracher aux délices de leur pâture.

La ruse provient de la défiance instinctive des peuples primitifs : c'est une manière vicieuse de développer l'intelligence; elle conduit au mensonge, qui rend les rapports difficiles et exigerait bien plus d'intelligence pour durer que la franchise. D'ailleurs les ruses des Bosniaques ne sont pas bien habiles. Je voulais envoyer un jour mon domestique, un illettré total, chercher un petit tonneau de bière du pays à Krechevo, chez un Bosniaque non moins illettré. A celui-ci, pour le faire reconnaître de mon domestique, j'avais laissé un de mes éperons. Donc j'envoie mon domestique avec cette indication et une voiture. Le soir, la voiture revient, mais sans bière ni éperon. Le lendemain matin, je vais à Krechevo, chez mon Bosniaque, lui réclamer la bière; mais il jure ses grands

BOHÉMIENS A CEMERNITZA.

dieux et soutient avec fureur qu'il a remis la bière et l'éperon à mon domestique, bien reconnu. Pendant qu'il se fâche, arrive ma voiture avec le domestique; mais le Bosniaque n'y faisait aucunement attention : « Eh bien, lui dis-je, voilà mon domestique; lequel de vous a raison? » A ces mots, ce fut comme le calme plat après l'orage : sa colère tomba subitement; il ouvrit une bouche démesurée, et finit par avouer qu'il ne connaissait pas le domestique, qu'il avait porté l'éperon à Kiseliak — c'était à mi-chemin — chez le maréchal ferrant, et avec lui le tonneau. J'ai pensé depuis qu'il n'avait rien compris à l'éperon qui devait le faire reconnaître; toujours est-il qu'il aurait mieux fait de dire qu'il ne comprenait pas, et de se faire mieux expliquer la chose, que de soutenir un mensonge. Mais jamais un paysan bosniaque n'avouera qu'il n'a pas compris une chose; il faut la lui répéter dix fois et dans les mêmes termes pour arriver à la lui incruster dans la tête.

Nulle part, cela n'apparaît mieux que pour les travaux de mines. Toutes sortes de minerais abondent dans les environs de Foïnitza, et les Bosniaques acceptent volontiers le métier de mineurs; mais d'abord, grâce à leur paresse, on n'obtient d'eux que la moitié du travail d'un homme ordinaire; il faut les faire travailler à la tâche, et cela ne les satisfait pas, car se trouvant payés en rapport avec leur travail ils se plaignent d'être mal payés; pourtant ce n'est que justice.

Nous verrons tout à l'heure la ruse qu'ils mettent à cacher leurs découvertes de mines; mais il faut d'abord décrire certains types du chercheur de mines. Il en est qui passent leur temps à ce métier. Ils ont pris de cette vie un aspect osseux qui leur donne un air de ressemblance avec les cailloux qu'ils cherchent; ils ne sortent pas des cailloux, et ensuite ils en sortent de partout, de toutes leurs poches, et de leur ceinture de cuir; il ne se passe pas de jour sans qu'ils vous en apportent, jusque pendant votre repas; ils viennent souffler leur poussière dans votre assiette ou dans votre verre pour vous obliger à voir des choses invisibles pour tout autre que pour eux, et ils se fâchent si vous ne voyez rien, ou si vous leur dites que ce qu'ils prennent pour du mercure, de l'argent ou de l'or n'est que du fer sous différentes formes. On ne les entend dire que : *Zlatno, zlatno,* « de l'or, de l'or ». Ils sont toujours couverts de poussière ou de boue, résultat naturel de leurs recherches dans la terre; ils en ont jusque dans les cheveux et dans la barbe; mais leur fièvre de

recherche leur a fait oublier tous les soins de propreté, fussent-ils même mahométans. Ils sont un
peu comme certain géologue qui se faisait scru-
pule de brosser sur sa personne les restes d'une
précieuse boue géologique, dont l'antiquité lui
paraissait trop respectable. Il y avait surtout un
certain grand diable que l'on rencontrait sur les
routes, trottant sur un vrai Rossinante, ballotté au
gré de sa monture, ses longues jambes s'écartant
et se rapprochant alternativement de son corps à
chaque pas, et se soulevant de temps à autre en
poussant un cri. Mais rien ne rebute leur ardeur;
ils recommencent sans cesse à chercher des pierres
et à les gratter. Ils réussissent quelquefois à trouver
de jolis échantillons, et il vaut mieux les encourager. Lorsqu'on s'est décidé à les suivre, pour voir
ce qu'ils ont découvert, c'est alors surtout qu'on a
l'occasion de constater leur défiance et leur ruse. Ils
se figurent qu'on a l'intention de les tromper pour
les voler. Ils font d'abord mystère de leurs pré-
tendues découvertes, et ne veulent les montrer
que contre argent comptant. Si l'on ne consent à
payer qu'après vérification du gîte sur place, ils
refusent de vous y conduire; mais dans ce cas il
est probable que le prétendu gîte ne vaut pas
cher. S'ils acceptent de vous le faire vérifier, ils

vous font faire alors des courses souvent très fatigantes, dans des endroits impossibles, dépourvus de tout sentier, à travers des ravins et des rochers où ne passent que les chevreuils et les chamois, et cela pour vous faire casser le nez contre quelques mouches de pyrite de fer, de la limonite rouge qu'ils prennent pour du cinabre, ou même des roches non métallifères où ils voient des minerais d'argent. L'argent et l'or sont, du reste, les seuls métaux qui aient quelque valeur à leurs yeux. Quelquefois aussi, sous prétexte de vous montrer d'anciens travaux, ils vous conduisent vers d'énormes accumulations de cailloux qui ne sont que les moraines latérales ou frontales d'anciens glaciers. On se demande, après avoir traversé certains de ces affreux passages, comment l'on n'y est pas resté; il faut se suspendre à la crinière de son cheval pendant que celui-ci se cambre de toutes ses forces pour gravir des pentes vertigineuses à travers des broussailles et des troncs éboulés; rarement l'on est payé de sa peine par la découverte d'un véritable gîte ou d'un filon intéressant.

Nous allons parcourir les mines des environs de Foïnitza en décrivant rapidement ce pays; nous commencerons par la haute vallée de la Foïnitzka, la parcourant jusqu'à Visoko, à son confluent avec la Bosna ; puis parcourant la vallée de la Lepenitza, qui arrose Krechevo.

Une partie de Foïnitza est écartée de l'ensemble des maisons agglomérées le long de la Foïnitzka pour s'enfoncer dans un vallon latéral où coule le Pavlovatz Potok ; cette partie est entièrement turque et possède plusieurs mosquées ; le vallon où elle se trouve diffère aussi absolument de la vallée de la Foïnitzka : il semble qu'on entre dans un autre pays. Assez large d'abord, ce vallon va en se rétrécissant toujours, et devient de plus en plus sauvage ; les rochers et les sapins remplacent les grands arbres et les prairies, et il va se heurter au fond contre le front de murailles de Matoratz, haut de 2,000 mètres, donnant l'impression complète des Alpes suisses par sa fraîcheur, l'âcre parfum de l'air qu'on y respire, et le bruit de son torrent limpide. Cette variété des environs de Foïnitza en fait un séjour très agréable et où les malades vont retrouver la santé. Les rochers calcaires de ce vallon renferment des minerais de cuivre et même d'argent près du village de Tiésilo.

Au sud du Matoratz se dresse une autre montagne à peine moins élevée, au sommet de laquelle se dressent les ruines d'une forteresse qui s'appelle Catharinenburgh. Les gens du pays racontent que cette forteresse fut défendue par les Turcs contre Catherine, femme du dernier roi de Bosnie, Stiépen Tomasevitch, et que cette reine elle-même aurait atteint d'un coup de canon le pacha qui conduisait l'armée turque dans la vallée de la Foïnitzka, au point où est maintenant la mosquée d'Ostroujnitza, à quatre kilomètres de Foïnitza. Ce pacha aurait été une femme, et en réalité l'on voit encore, près de cette mosquée, un vaste tombeau palissadé et sur la pierre duquel sont gravés les armes et les insignes d'un pacha turc, et cependant la pierre tombale se termine non par un turban, mais par une pointe, comme toutes celles qui indiquent la tombe d'une femme.

Nous avons décrit déjà en venant à Foïnitza le romantique val de Prokos, entre sapins et prairies, arrosé par le très fort torrent de la Foïnitzka et conduisant au joli lac de Prokos. Un vallon très intéressant, à cause de ses mines, est celui de la Cemernitzka, affluent de la Foïnitzka. Non moins pittoresque que le val de Prokos, il possède de plus un joli village, celui de Cemernitzka, célèbre depuis le moyen âge par ses mines d'antimoine et de mercure. Ces mines ont été réouvertes depuis quelques années, et rien n'est plus curieux que de parcourir les anciennes galeries quand elles ne sont pas éboulées. Il reste d'immenses haldes de minerais non utilisés ou scorifiés, du cinabre, de la stibine, de la pyrite, de la blende, etc. Il semble pourtant que les anciens se sont plus attachés à prendre le mercure que l'antimoine ; on compte quatre filons différents, tous en exploitation maintenant, et une usine avec fours à antimoine et à mercure élève ses hautes cheminées au milieu de ce pays si longtemps resté sans industrie. Les anciens fondaient le mercure sur place dans de petits pots de terre dont on trouve de nombreux débris. Les filons assez épais, mais irréguliers, subissant de nombreux rejets, sont encaissés dans la roche à filons par excellence, les schistes cristallins qu'ils recoupent obliquement. Il y a souvent filon du toit et filon du mur, l'un plus riche en cinabre, l'autre plus riche en antimoine, ce dernier subsistant souvent intact dans les anciennes galeries, tandis que l'autre a été enlevé. Leur direction assez nette a permis d'en retrouver un jusqu'à six kilomètres au sud-est, à Loutchitza. Entre Cemernitzka et Loutchitza, il se montre à Bania, avec des caractères un peu différents comme l'allure rayonnée et non plus fibreuse de la stibine ; cependant la roche filonienne est toujours le quartz. Les anciens n'ont pas travaillé en ces deux derniers points. On y fait actuellement des recherches intéressantes par galeries. En même temps on retrouve les mêmes minerais dans des filons parallèles et dans les mêmes roches à Zahor, à trois kilomètres au nord-est, près des ruines d'une antique forteresse assise sur une paroi de rocher verticale de 30 mètres de hauteur, ayant conservé même les embrasures de ses canons et le plan presque intact de ses fondations en maçonnerie. D'anciens travaux de mines existent à Zahor et sont même importants. Là comme à Cemernitzka, ils sont recouverts d'arbres dont beaucoup sont âgés de plus de deux cents ans; on peut cependant y pénétrer par des galeries récemment ouvertes. Le minerai a plus d'oxyde de fer qu'à Cemernitzka. Enfin les minerais d'antimoine et mercure réapparaissent encore plus à l'est dans d'anciens travaux, à Klisatz à côté de la route de Foïnitza, à Kiseliah, près de Han-Schitovo, l'auberge dont j'ai déjà parlé.

Ces minerais ne sont pas les seuls des environs de Foïnitza : en remontant pendant trois quarts d'heure la vallée de la Gvozdjanka, affluent de la Foïnitzka, et dont le confluent se trouve à un kilomètre à peine de Foïnitza, on trouve des filons de pyrite dont l'un, puissant de plus d'un mètre, peut être suivi sur plusieurs kilomètres de longueur. Cette pyrite à gangue de quartz contient un peu d'argent et d'or, et à un certain point, à Yasem Potok, où le filon est accompagné de kaolin, elle contient aussi du cuivre. L'endroit s'appelle Gvozdjani (*gvozdje* signifie fer), et la rivière qui y coule s'appelle la Yelejnitza, ce qui veut dire l'eau ferrugineuse; tout indique ici la présence du fer. Ces filons contenant du quartz sont encaissés aussi dans les schistes cristallins.

Le fer abonde dans cette vallée de la Gvozdjanka; en le remontant deux heures encore en amont, on arrive aux anciennes *maïdans* ou forges de Dousina, très pittoresques dans leurs hautes montagnes boisées; il y a là fourneaux de fusion, marteaux-pilons mus par des chutes d'eau, tout à proximité de riches minerais de fer oligiste, magnétique et oxydulé, à Kamenitza, etc.; on y travaille encore maintenant, mais dans des proportions bien modestes. Non loin de Dousina, on trouve à Sachké rupe (fouilles saxonnes) des minerais de plomb riches en argent, travaillés au moyen âge par des Saxons, dans une roche dure toute parcourue de veines de minerais, formant

12

une muraille à pic percée de travaux de mine, devant une clairière entourée de forêts en pente très forte; le site est des plus sauvages. Avant même Dousina, près du sentier, on trouve un banc de schistes tout imprégnés de minerais de cuivre, pyrite cuivreuse, malachite et azurite, et plus haut que Dousina, à Derjevitza, les calcaires contiennent du fahlerz ou minerai de cuivre riche en argent, et quelques veines de cinabre que l'on peut suivre le long des parois d'un puits assez profond.

De Derjevitza, un bon sentier conduit en une heure environ à Krechevo, petite ville assez importante, célèbre par ses minerais de cuivre, et où nous irons par un autre chemin. Entre Derjevitza et Krechevo, on contourne le mont Inatz, où l'on trouve quelques affleurements de cinabre parallèles à ceux de Zetz que nous avons vus en venant de Gorny-Vakouf à Foïnitza.

A la présence de tous ces minerais dans les vallées qui avoisinent Foïnitza se rattache la construction de l'ancienne forteresse de *Gradina* ou *Zahor*, destinée, comme le racontent les récits populaires, à défendre les mines du pays et à fournir un abri aux ouvriers mineurs. Les ruines de Gradina sont très considérables.

Pour les atteindre, on peut suivre soit le

chemin des mines de Zahor, soit celui de Cemer-nitzka. Il faut une petite heure depuis Foïnitzka.

Le château, de forme circulaire, avait environ trente mètres de diamètre, et occupait toute la cime d'une montagne isolée, que l'on appelle aujourd'hui Gradina (*grad* signifie forteresse). Les fondations sont demeurées intactes, grâce au fort ciment dont elles étaient revêtues.

A l'ouest des ruines, on remarque un amas de pierres laissant un vide elliptique de deux mètres de grand axe ; à l'est, se trouve une ouverture en partie comblée.

A cinquante pas à l'est, un petit rocher pointu surgit au milieu d'une grande pierre creusée artificiellement en forme de bassin. On y trouve constamment un peu d'eau ; elle devait servir de citerne.

Le château est entouré de trois lignes de retranchements, formés chacun d'un rempart et d'un fossé large de deux mètres. Vers l'ouest, où se trouvait l'entrée, les trois retranchements se rejoignent, tandis qu'ils vont en s'écartant de plus en plus vers l'est, où leur écartement atteint son maximum : là, le premier est à vingt-cinq mètres du second, et celui-ci à près d'un demi-kilomètre du troisième.

L'extrémité est du dernier retranchement se trouve au sommet d'une cime tres élevée qui domine à pic le chemin de Cemernitzka.

L'extrémité est du second suit le bord d'une prairie étroite, de cinq à six mètres; le peuple appelle cet endroit *Chetalo*, « la promenade » ou l'esplanade. De la promenade on arrive en droite ligne, en faisant six cents pas, à l'extrémité du troisième rempart. Il faut près d'une heure pour faire le tour de ce dernier.

En sortant par la porte de l'ouest, l'entrée du château, et se dirigeant vers l'ouest à travers la forêt, on arrive à une vallée, que le peuple appelle *yezerina*, « petit lac ».

On raconte que le petit lac de cette vallée était alimenté par les eaux du Vlaska ravan, Stchit et Oboyak, conduites par des canaux en peau de buffle : il reste encore des traces du fossé de conduite. L'eau du lac était employée au lavage des minerais, dont on trouve de nombreux débris, et même des scories. Une partie de l'eau du lac était amenée dans le château par un canal encore très nettement marqué. Les minerais étaient fondus aux abords même du château; c'étaient des minerais de mercure et d'antimoine, et de plomb argentifère provenant de Cemernitzka, Zahor, Crvenika,

Ostroïnitza et Tchitovo, dont nous avons parlé. Du château, des chemins bien entretenus et servant encore aujourd'hui conduisaient directement à ces différentes mines.

Le château a donc bien été habité par des mineurs, et par leur chef. Il était destiné à défendre l'accès de ces mines aux étrangers. Les remparts et les fossés de circonvallation sont bien conservés. Tout autour ont crû des forêts épaisses, mais dans le fond des fossés il n'y a pas trace de racines.

D'autres ruines non moins intéressantes, bien qu'à un titre différent, sont celles de Kozigrad ou Catharinenburg. Assez voisines des précédentes, elles sont à l'ouest de Foïnitza. Après avoir monté pendant une heure les pentes très abruptes de la montagne de Kriz, on arrive à une source appelée « Vezelitza ». A un kilomètre de là, en suivant le chemin de Zetz, on tourne à gauche pour prendre le sentier pénible qui conduit à la cime de Kozigrad.

Kozigrad ou Kozo n'est plus qu'un amas de décombres : seule la muraille de l'est, dominant Bistritza, et épaisse de deux mètres, est encore assez bien conservée.

Cette muraille est percée de trous disposés en

lignes horizontales et distants d'un mètre environ l'un de l'autre; il en était absolument de même pour les murailles de la tour de Prozor. Le peuple prétend que ces trous servaient de meurtrières pour tirer sur les assaillants. Mais il est plus probable qu'ils marquent seulement la place des barreaux de bois ou de fer intercalés dans la maçonnerie, et retirés plus tard, de façon à créer des vides pour faciliter l'écoulement des eaux.

Au sud-est du château, on remarque une grande cavité qui a dû servir de citerne ou peut-être de cachot.

La muraille du nord-est, qui descend le long du rocher, est inégalement cimentée. En suivant cette muraille, on rencontre un espace long de deux mètres, large d'un mètre, et voûté à la partie supérieure. C'était là, d'après les récits populaires, la porte secrète ou poterne du château.

Du côté opposé, au sud-ouest du château, se trouvait l'entrée, car on peut lire encore, sur le roc, en ancienne écriture bosniaque, le mot *Oulaz,* « entrée ».

A cent pas du château, sur la pente d'une montagne qui le domine, on remarque un champ où l'on pouvait semer environ 300 oka (400 kg.) de froment. Le long du champ, un canal amenait l'eau dans le château ; ce canal est encore visible.

Les gens du pays racontent sur Kozigrad la même légende que ceux des environs de Prozor rapportent sur leur forteresse. La dernière reine de Bosnie, Catherine, se serait enfuie de Kozigrad cerné par les Turcs, pendant une nuit obscure, emportant sur son cheval toute sa fortune : peut-être a-t-elle fui d'ici à Prozor par Zetz, et de Prozor à Mostar, puis à Raguse. C'est de Kozigrad que Catherine tua d'un coup de canon le pacha qui commandait l'armée turque campée à Ostroïnitza. Le tombeau de ce pacha porte l'inscription : *Grob gazi divoïke,* « La tombe renferme une vierge », et au-dessus sont gravées les armes d'un pacha turc.

A une demi-heure à l'est de Kozigrad on arrive à une crète couverte de forèts comme Kozigrad, et où se trouve un espace de près de mille mètres carrés couvert de ruines de murailles non cimentées.

A trois heures de marche au sud-est, en face de Kozigrad, sur la commune de Gvozdjani, au-dessus du village de Bojitzi, se trouve une cime assez élevée, appelée Zvonigrad. Il n'y a pas de ruines, à peine quelques vestiges d'une ancienne demeure. Voici la légende de Zvonigrad, qui signifie « château de la cloche » :

Autrefois vivait là un paysan qui cultivait les champs situés sur les pentes de la montagne. Au sommet était suspendue une cloche attachée à une corde dont l'autre extrémité était à Kozigrad.

Lorsque Kozigrad était cerné par les ennemis, on sonnait la cloche pour que le paysan de Zvonigrad vînt la nuit apporter des vivres par la porte secrète sans être aperçu de l'ennemi.

Une certaine année, vers la fin de l'été, le paysan apporta le produit de sa terre au roi de Kozigrad, et lui demanda un prêt en argent pour commencer les nouvelles semailles. Le roi, qui se plaignait depuis quelque temps de son serf, lui refusa sa demande. Le paysan la réitéra trois fois, mais vainement, et à la fin il dit en soupirant profondément : « Il viendra un temps, *ako Bogda*, si Dieu le veut, où tu sera bien heureux de me donner un tovar (charge d'un cheval) de tes trésors contre un tovar de mon blé. » Et il se retira.

Le temps annoncé ne tarda pas longtemps ; l'ennemi vint cerner Kozigrad. Les provisions épuisées, le roi sonna la cloche. Mais le paysan prit une hache et trancha la corde.

Le roi se souvint alors de la parole du paysan. Il prit un tovar de ses richesses et l'envoya à Zvonigrad, demandant en échange un tovar de blé et de fruits de la terre. Mais le paysan refusa.

Le roi recourut alors à son ami le roi de Prozor. Il l'envoya chercher, et quand il fut venu à Kozigrad, il le pria d'acheter du blé de Zvonigrad comme si c'était pour lui-même. Il put ainsi en obtenir sans débourser plus d'un tovar de ses trésors.

On peut se rendre de Foïnitza à Kiseliak par la belle vallée d'Ostroujnitza, avec ses ponts de bois primitifs que l'on hésite chaque fois à passer. A Ostroujnitza d'abord, dans un vallon rempli des débris de moraines d'un ancien glacier, on trouve beaucoup d'anciens travaux, des centaines d'anciens puits dans un amoncellement de roches du thalweg et sur les deux rives, un ancien aqueduc partant d'un grand réservoir à trois kilomètres au sud dans la montagne et amenant l'eau pour le lavage des minerais. Ce sont les anciennes mines d'argent d'Ostroujnitza dont les minerais étaient envoyés à Raguse pour y être fondus. Ces mines furent concédées en 1364 au Saxon Hanns par le roi de Bosnie Tvrtko Ier, en société avec deux Ragusains, Jakob Hélic et Pauluscus de Cudeleno. Plus tard Hanns vendit sa part à ses compagnons pour 250 livres d'argent. On y trouve, mêlés aux anciens boisages des puits, des

minerais de plomb argentifère, de zinc argentifère, et avec cela du cinabre et même du quartz
aurifère. La couche minérale qui doit se trouver
dans les schistes cristallins sous-jacents n'a pas
encore été découverte; on peut seulement af-
firmer son existence parce qu'on l'a retrouvée à
Scitovo, à cinquante mètres à l'est, au bord de la
rivière, se dirigeant directement vers Ostroujnitza.
Là on se trouve en présence d'une véritable
couche parallèle aux schistes cristallins encais-
sants, puissante d'un mètre, plongeant vers le sud
et formés de blende et de galène riches en argent
et mêlées à de la pyrite magnétique, de la pyrite
cuivreuse, du quartz, et même un peu de cinabre.
On trouve à Scitovo également d'anciens puits
et d'anciennes galeries très bien conservés, car la
roche est très solide, et on peut suivre sur les
parois la couche de minerais. Les anciens travaux ne vont pas à une grande profondeur, et il
serait facile de recommencer une exploitation, si
le minerai avait une valeur suffisante.

De ces mines à Kiseliak, on continue la grand'-
route; on passe entre Plotchari, sur son beau plateau surplombant la rivière à pic, et le couvent
turc d'Oglavak, sur sa colline couverte de grands
arbres. On rencontre là l'ancienne voie romaine

de Foïnitza à Saraïevo, bien délabrée depuis des siècles. Puis peu à peu l'horizon grandit, les montagnes s'éloignent à droite et à gauche; la route bifurque pour aller à gauche, à Trawnik, à droite à Kiseliak. On passe un village en bois avec une église toute en bois, ressemblant à une grange, voisine d'une ferme appartenant aux franciscains; puis un grand pont de bois, deux autres petits villages palissadés avec des maisons portées sur des poutres verticales laissant le vide au-dessous; enfin apparaissent des maisons plus confortables, de style turc, avec balcons, vérandahs, peintures bleues sur les murs, de vraies villas : c'est Kiseliak, véritable station thermale, au milieu d'une vaste plaine entourée de montagnes, au confluent de deux fortes rivières : la Foïnitza et la Lepenitza. Cette ville possède une source d'eau carbonatée ferrugineuse; quelques analyses ont même donné du mercure; mais il est probable qu'il a dû être entraîné par les eaux et qu'il provient des mines de cinabre des montagnes d'où sortent les deux rivières. La source sort de terre à quelques mètres du fleuve, dans l'intérieur même d'un établissement thermal.

On a bâti à Kiseliak un immense hôtel de style turc, Stéphanie-Hôtel, presque tout en bois, un établissement de bains avec un casino et un petit parc. Il y vient des baigneurs de toute la Bosnie et de la Turquie pendant les mois d'été. La situation est très belle, l'air très pur, la chaleur n'est pas trop forte : c'est en même temps une station climatérique. Il y a des baraquements pour des troupes de cavalerie; on y envoie les moins bien portantes. Outre l'hôtel Stéphanie, il y a un autre hôtel beaucoup plus petit; mais, paraît-il, mieux entretenu. On m'y donna pourtant un soir une chambre dont le plafond avait perdu quelques poutres, mais on n'y dormait que mieux, bercé par le bruit des deux rivières, et caressé par le souffle des vents.

A Kiseliak se croisent cinq routes : celle de Foïnitza, bifurquant pour aller à Trawnik; celle de Visoko, où se trouve la station du chemin de fer la plus voisine, à treize kilomètres, et enfin celle de Krechevo. Cette dernière, toute nouvelle, part de Plotcha, sur la route de Saraïevo; mais de Kiseliak même on peut aller à Krechevo par un très joli sentier dans des gorges boisées. Par la neige ou la boue, le chemin est mauvais, les chevaux ont peine à s'habituer aux échelles faites par les pas des petits chevaux bosniaques; mais quand il fait beau, le chemin est charmant; aux gorges succèdent de jolies prairies enfermées dans des montagnes ; puis les gorges recommencent ; enfin apparaît une belle plaine fertile : on s'enfile dans une dernière gorge, la plus étroite de toutes, un ravin, et tout à coup, après une petite montée, on voit tout Krechevo devant soi, dans le site le plus sauvage qu'on puisse imaginer, surtout par son contraste avec la belle plaine qui le précède. Les Bosniaques préféraient aux beaux sites les lieux faciles à défendre.

La ville de Krechevo, longeant la rivière, dans l'entonnoir de hautes montagnes raides, semées de nombreux sapins sur leurs rochers, est dans le fond d'un ravin dominé par un grand couvent de franciscains, auquel on aboutit par un long chemin pavé, en pente douce, abrité de sapins. Ce couvent est muni de poternes, de chaînes et de portes épaisses qui démontrent bien que du temps des Turcs les religieux devaient être prêts à défendre leurs biens et leur vie, et qu'ils étaient loin de vivre tranquilles. Actuellement toutes ces défenses sont bien inutiles ; mais le couvent, avec ses longs corridors, ses épaisses murailles, son dédale d'escaliers de bois, a conservé un aspect moyen âge, et la vue sauvage dont on jouit par les fenêtres étroites est loin de contredire cet aspect.

Dans le couvent habite un religieux très estimé comme poète en Bosnie et en Croatie, le Père Martitch ; c'est un homme fort instruit et parlant correctement le français. Il me fit faire la connaissance à Krechevo d'un compatriote, un Français, M. Désiré Falkner, installé dans ce pays depuis plus de vingt ans, et c'était en 1891.

M. Falkner était né à Troyes en 1816, et j'ai appris sa mort en 1899, tandis que j'étais en Californie. C'était un infatigable chercheur de mines et, malgré ses soixante-quinze ans, il parcourait les montagnes à pied et à cheval, sans jamais se lasser. Il était là dix ans avant l'occupation autrichienne ; il a vu le régime turc dans ce pays alors sans routes, sans communications postales, et dont l'Albanie peut seule donner une idée. J'ai trouvé des Français remarquables dans tous les pays où j'ai passé.

L'histoire de M. Falkner, que je n'ai pas connue tout entière, était en Bosnie un bel exemple de persévérance : il pouvait en dire long sur les déboires qu'il subit de la part des mines, et sur les tribulations qu'il éprouva de la part des capitalistes et même des ingénieurs : de beaux rapports, faits sans connaissances suffisantes ou sans expérience ; de belles promesses ; puis des dédains et des refus brutaux de coopération, alors qu'il dépensait ses dernières ressources dans des travaux conseillés plus ou moins à l'aventure. Il faut dire qu'il avait affaire à un genre de minerais particulièrement dangereux : ce n'était pas de l'or, mais de l'argent sous sa forme la plus décevante comme étendue de gisement, il est bon d'en prévenir le lecteur ; des cuivres gris argentifères ; les échantillons sont très riches, les quantités sont très limitées, surtout dans certaines roches. M. Falkner vivait pauvrement dans une petite hutte bosniaque, servi par une femme du pays qui lui semblait très dévouée et qui, non moins que lui, je pense, vivait dans le rêve des millions à venir. Il n'est pas raisonnable de se décourager trop vite, évidemment ; mais après avoir tenté des travaux judicieux dans certaines mines, il est également déraisonnable de les continuer s'ils n'aboutissent à rien : il faut qu'il y ait des raisons sérieuses, et non pas des convictions en l'air, dénuées de tout fondement. Les trouvailles dans les mines peuvent toujours s'expliquer par une raison sérieuse : le hasard aide l'ignorance, mais non pas l'expérience et la science. L'ignorance favorise la spéculation : la science peut décourager trop vite.

Krechevo possédait un château fort dont il reste

des ruines importantes, et où résidèrent successivement des évêques catholiques, bogomiles et orthodoxes. Les environs, comme on le soupçonne par l'histoire de M. Falkner, sont très riches en minerais de cuivre argentifère, plomb, zinc, fer, manganèse, mercure, disséminés de tous côtés et, à ce qu'il semble, partout en très faibles quantités. On peut compter les anciens puits par centaines. On a retrouvé des aqueducs de plusieurs kilomètres, construits par les anciens pour le lavage des minerais de cuivre, plomb et argent, et peut-être même pour des minerais d'or, à ce que rapporte la tradition; mais ces dernières mines du moins n'ont pas été retrouvées.

De Krechevo, il n'y a guère que dix kilomètres jusqu'à la station de chemin de fer de Tartchine, d'où l'on peut aller soit à Mostar et à l'Adriatique, soit à Saraïevo et rejoindre la ligne de Buda-Pest et de Vienne. Tartchine, sur la pente de l'Ivan Planina, est un site alpestre de sapins et de prairies, où abondent les izards et les chevreuils.

De Foïnitza, la station de chemin de fer la plus voisine est Visoko, à trente-deux kilomètres : une grande route y conduit par Kiseliak. Nous avons décrit la route de Kiseliak. De cette ville, après avoir passé sur de hautes falaises calcaires rongées et découpées en forme de ruines naturelles, par les intempéries, la route suit les gorges de la Lepenitza, où affleurent de minces couches de charbon.

Visoko se trouve dans un vaste élargissement de la vallée de la Bosna, à son confluent avec la Lepenitza. C'est une ville de cinq mille habitants, remontant à une haute antiquité, célèbre pour avoir été autrefois avec Yaïtzé la résidence des rois de Bosnie du treizième au seizième siècle. Les demeures royales étaient les palais de Bobovatz et de Soutiechka, à plusieurs heures à cheval, dans les montagnes, au nord de Visoko. On voit encore les ruines de Bobovatz. Quant à Soutiechka, le palais y était attenant à un couvent de franciscains fondé en 1391 par Tvartko Ier, roi de Bosnie. Il fut détruit plusieurs fois par les Turcs et rebâti par les Franciscains en 1821. On peut y voir les tombeaux de plusieurs rois de Bosnie, leurs portraits, des manuscrits et divers souvenirs.

Visoko n'a rien de remarquable. Un long pont de bois traverse la Bosna et relie la vieille ville, aux rues étroites et sales, aux quartiers neufs où se trouvent la gare et un jardin public. La vieille ville a de nombreuses mosquées et une église grecque, la seule des districts de Prozor et Foïnitza. Tout le long de la Bosna sont alignés de petits moulins à battre les peaux pour faire du cuir ; on voit sans cesse monter et redescendre leurs longs battoirs aux bruits secs ne rappelant en rien le bruit des pilons des mines d'or. Vosoko a un commerce important de peaux et de tapis. Le tabac y est estimé. Il y a enfin des mines de charbon au voisinage, à Zénitza, et des forges et fonderies de fer tout à côté.

Il faisait un temps affreux lorsque je fis ma dernière course, il y a douze ans, de Foïnitza à Visoko, dans un vieux char turc, accompagné de mes amis de l'hôtel Matthias. L'orage éclata tout à coup, la foudre tomba près de nous et fit cabrer nos chevaux, en passant le col de Kobila Glava (tête de jument). C'était un charme pour moi de la retrouver par une belle journée, si pleine de souvenirs, des souvenirs de vie bosniaque ; mais mes amis n'y étaient plus, l'hôtel Matthias avait disparu, déjà la mort avait passé par là. Ce n'est pas le pays que je regrettais, puisqu'il ne change pas ; c'était le souvenir de gens qui, sans me les devoir, m'avaient rendu des services, et chez lesquels j'avais trouvé, à mon premier séjour loin de la France, un véritable intérieur familial.

Entre Visoko et Seraïevo se trouve une petite

ville d'eaux, Ilidgé, qu'on a appelée la perle de la Bosnie. Ilidgé ou Boutmir, est connu dans le monde entier par ses sources, ses découvertes néolithiques, et ses courses de chevaux. C'est une création du ministre des finances von Kallay. Le nombre des sources dépasse cinquante ; elles sortent du mont Igman, et forment en partie la Bosna. Un puits creusé en 1893 donne en vingt-quatre heures 1,400,000 litres d'eau riche en sel de Glauber, acide carbonique et chaux bicarbo-natée à la température de 58 degrés centigrades. L'établissement de bains moderne est magnifique ; il a été ouvert en 1893 et possède même de vastes piscines où l'on fait des exercices de natation.

Trois grands hôtels, Austria, Hungaria et Bosna, avec deux cents chambres et salons, restaurants, parcs, terrasses, jeux, voitures, chevaux, etc. sont remplis de monde chaque année, et l'on en construit de nouveaux.

Depuis quatre ans, les courses de chevaux sont fréquentées par le Jockey-Club de Vienne et celui de Pesth, et les chevaux d'Europe concourent avec ceux de Bosnie : les courses sont devenues interna-tionales. Le Bosniaque est un cavalier par nature ; de tous temps les paysans avaient organisé des courses de chevaux aux environs de Saraïevo, et

Ilidgé maintenant a consacré la renommée du pays. Outre les courses, il y a tir aux pigeons, chasse aux faucons dressés dans le pays, fêtes populaires, etc. Cette petite localité a été la principale cause de l'attrait que la Bosnie exerce depuis plusieurs années sur les touristes.

Je n'ose pas dire que pour moi je préférerais de beaucoup ma Bosnie d'il y a douze ans; on peut la retrouver, à condition d'aller de plus en plus au cœur des montagnes.

VUE DE SERAÏEVO.

CHAPITRE VIII

SERAÏEVO. — LA BOSNA

Vue générale de Seraïevo. — Les rues, hôtels, palais; la population, la musique bosniaque, le grand bazar, les mosquées, l'Église grecque, l'Église catholique, l'administration. — Les environs, le pont du Chevrier, Ilidgé, le mont Trebevitch. — La Save, départ de la Bosnie.

La première chose qui me frappa en arrivant à Seraïevo, ce fut d'entendre — j'étais si loin d'y penser ! — le fameux air *En r'venant de la revue* joué par la musique d'un régiment d'infanterie qui rentrait dans ses casernes. Grâce aux quartiers neufs par où l'on arrive, aux tramways, aux voitures, aux promeneurs et aux uniformes, la première impression de Seraïevo est maintenant celle d'une ville tout à fait européenne. Pour reconnaître l'ancienne ville et l'embrasser d'ensemble, il faut monter au sommet du quartier juif, qui occupe le fond même de la vallée. Là s'élève une sorte de séminaire turc, très élégant bâtiment de style mauresque, bâti en briques peintes de couleurs très vives, tout en colonnettes et en arcades. Au centre d'une cour intérieure dallée coule une fontaine servant aux ablutions. De chaque côté alternent des mosquées. Les chambres, de style oriental, ornées de meubles turcs et de divans en cuir d'Arménie, sont très bizarres. Des fenêtres, la vue embrasse en entier Seraïevo en bas des pentes; puis la vallée de la Bosna, jusqu'aux montagnes d'Igman et d'Ivan Planina.

La vallée est d'une largeur et d'une étendue immenses, arrosée par les nombreuses sources de la Bosna, qui coulent entre de grandes montagnes toutes vertes de forêts et de pâturages. L'une de ces sources est la Miliatchka, sur laquelle est située Seraïevo ou Bosna-Seraï, « le palais de la Bosna », qui occupe ainsi tout le fond en demi-cercle de la plus belle vallée de la Bosnie.

Seraïevo s'étend au pied des rues abruptes du quartier juif, ornée de ses cent cinquante minarets, qui s'élèvent comme autant de colonnes, à côté desquels éclate la blancheur des mosquées aux dômes hémisphériques; les cinq dômes portés sur de longues colonnes blanches de l'église grecque, les tours carrées aux flèches aiguës de l'église catholique. On reconnaît bien la ville orientale que les Osmanlis disaient la plus belle de leur empire après Constantinople, dans sa splendeur éclatante de couleurs claires, avec sa multitude de dômes, de flèches et de mâts multicolores indiquant les consulats. La vieille ville, tout au fond de la vallée, est la cité turque aux rues irrégulières, aux maisons basses et mal bâties, aux toits tantôt aigus, tantôt aplatis, aux vérandahs découpées à jour de fenêtres grillagées. La rivière, canalisée et bordée de quais sur sa rive droite, est ombragée de peupliers et d'autres arbres de distance en distance, ce qui augmente sa fraîcheur ; les peupliers surtout rivalisent de nombre et d'élégance avec les minarets blancs, tout en contrastant avec eux par leurs teintes vertes. Sur la rive gauche apparaissent d'immenses casernes, l'hôtel des postes, l'ancien konak ou résidence du gouverneur turc et une belle place ombragée d'arbres. Sur la rive droite, la plus importante, s'élèvent les églises et tout un quartier européen, nouvellement construit, comprenant musée, théâtre, palais de la préfecture, casino des officiers, hôtels, restaurants, grands magasins, etc. Deux grandes rues presque parallèles bien qu'un peu tortueuses, la Cemaliousa oulitza, et la Frani Josipa oulitza, traversent cette rive dans toute sa longueur ; les autres rues sont beaucoup plus irrégulières et étroites : partout où ne s'élève pas un monument ou une mosquée, les maisons sont basses, irrégulières, et semblent plutôt appartenir à un village qu'à une capitale. Vers l'occident, où s'ouvre la vallée, les rues s'épanouissent en avenues et en jardins publics, dans la plus belle et la plus large partie de la vallée : c'est de ce côté qu'on a bâti les nouveaux palais officiels du gouvernement, la manufacture de tabacs, les casernes de l'infanterie et de la cavalerie, et enfin la gare. Au loin, on distingue le long ruban blanc de la grand'route, et les poutres en fer de la voie ferrée traversant de nombreuses rivières sinueuses que le soleil fait resplendir ; tout cela dans un cadre verdoyant, de la plus grande richesse de végétation.

Seraïevo, ville commerçante, est très animée ; les rues fourmillent de piétons, de cavaliers, de voitures et de tramways. Ce qui les rend plus originales encore que les monuments de style turc, c'est la variété des costumes croates, bosniaques, serbes, monténégrins, turcs et occidentaux ; le turban, le fez, les képis et les casques, les chapeaux de toutes formes apparaissent tour à tour ; les femmes turques entièrement voilées, gantées, et chaussées de bottes en maroquin jaune coudoient les dames mises à la dernière mode de Vienne. Les uniformes des fonctionnaires civils se mêlent aux uniformes militaires de la cavalerie, de l'infanterie et de l'artillerie et à ceux des régiments bosniaques qui portent, au lieu du shako, le fez rouge à gland noir, la veste bleue et le pantalon bleu collant à brandebourgs jaunes. Mais cette variété n'est rien à côté de celle des costumes nationaux qu'on ne trouve même plus à Constantinople; vestes de soie sans manches, de couleurs éclatantes, laissant passer les manches rayées blanc et bleu de la chemise; pantalons bouffants terminés par des guêtres de drap moulant la jambe; turbans rouges, fez rouges ou blancs, ou en soie brodée d'or; ceintures rouges, vertes, bleues ou de toutes nuances; manteaux de laine blanche ou rouge, gilets à boutons argentés ou couverts de pierres de couleur, cravates croates et chapeaux de feutre à plumes; longue robe verte des hodjas, et turbans blancs, tous ces costumes d'hommes d'une variété infinie se croisent à chaque pas. Quant aux costumes féminins, leur variété est plus grande encore, s'il est possible : Bosniaques en veste de drap brodé, en robe cousue par le bas et ne laissant que deux ouvertures pour passer les pieds ; ou bien en longue houppelande de couleur claire, sans manches ni taille, avec des fichus de toutes nuances pour coiffures ; — Croates en veste rouge et manches bouffantes serrées aux poignets, en robe et tablier orné d'étoiles, ou bien en corsages de soie multicolore et courte jupe blanche, ceinture et écharpe rouge, colliers de perles ou de corail ; — Hongroises en hautes bottes rouges, court jupon clair, pelisse bleue garnie d'astrakan et d'arabesques, cheveux en longues nattes reliées par de larges rubans verts et rouges ; — Tziganes en corsage tissé de fils d'or, en cheveux d'un noir bleu, sans coiffure, jamais voilées ; — Turques en long vêtement vert, masque blanc, gantées et bottées ; — Slavoniennes en macfarlane à manches, pèlerine brodée de fleurs vertes et jaunes ; — Juives en jupe rouge, couvertes de bijoux ; — Grecques en corsage de velours, jupe de soie, veste brodée d'or, et fez rouge à glands d'or, coiffure d'une rare élégance. C'est une véritable féerie et que Saraïevo peut-être seule présente encore en Europe.

Mais ce qui rend la vue de toutes ces splendeurs plus agréable encore, c'est qu'en même temps Seraïevo est une ville moderne, qu'elle présente les mêmes commodités que toute ville d'Occident, et que l'on y trouve un grand hôtel meublé avec tout le confort désirable et d'excellents restaurants. On les apprécie d'autant plus lorsqu'on a passé de longs mois dans la montagne bosniaque, et qu'on a dû se contenter d'une nourriture laissant à désirer, autant sous le rapport de la qualité que sous celui de la variété. La cuisine des restaurants de Seraïevo est un mélange de toutes les cuisines française, italienne, allemande, hongroise et indigène; on y trouve : la choucroute et le risotto; la salade russe et le caviar à côté du homard et des sardines; le bifteck et le schnitzel; le chateaubriand et les grenouilles; les pommes accommodées de toute manière, même soufflées; le sambaglione et le gâteau de Savoie; le kolatch hongrois, bœuf conservé en sauce au paprika, sorte de piment rouge; le rassolnik, bouillon pimenté avec des rognons et des concombres salés; le stchi, mélange de viande et de choux fermentés; les melons et les pastèques; toute espèce de pain, du pain au lait au pain rempli d'anis; enfin tous les fruits d'Orient et d'Occident.

Dans les restaurants et les cafés, remplis après midi et le soir de fonctionnaires civils et militaires, les uns et les autres en uniforme, on trouve les grands journaux de tous pays : le *Figaro*, le

Temps, l'*Illustration,* la *Vie parisienne,* le *Times,* le *Daily News,* les *Novosti,* etc. Comme j'avais négligé quelque temps à Prozor de faire venir des journaux, lorsque je fis mon premier séjour à Seraïevo je n'étais plus au courant de rien; chaque nouvelle était pour moi un événement. On lit généralement et on mange au son de la musique tzigane ou bien roumaine. Autour de soi, l'on entend parler un langage non moins cosmopolite que la cuisine. Il n'est pas rare d'entendre parler français : dans la société austro-bosniaque de Seraïevo on se fait honneur, presque autant qu'en Russie, de parler un peu notre langue. Il est rare que quelqu'un qui habite Seraïevo ne connaisse pas au moins deux langues : l'allemand et le croate-serbe. La plupart des fonctionnaires venant de la Pologne, de la Bohême ou des autres provinces slaves de l'Autriche, afin d'apprendre plus facilement la langue sud-slave, parlent aussi les langues slaves du Nord : tchèque, polonais; d'autres sont hongrois et parlent le magyar. L'italien est assez usité, à cause du voisinage des Slaves de Dalmatie, et le turc est nécessaire à certains fonctionnaires pour être en rapports avec les musulmans de Bosnie et de Turquie. On ne parle guère l'anglais, comme du reste dans toute l'Europe; il est vrai que cette langue prend sa revanche hors de l'Europe.

Nous allons maintenant faire le tour des curiosités de Seraïevo, en commençant par le quartier tzigane, à l'ouest, du côté où s'ouvre la vallée. On reconnaît de loin ce quartier au bruit de ferraille qui en sort. Les Tziganes portent le costume turc. Ils sont d'une fort belle race, la plus belle qu'on rencontre à Seraïevo ; ils ont les yeux noirs, la peau brune, les traits réguliers et fiers, sous une forêt de cheveux d'un noir d'ébène, le corps sculptural sous leurs lambeaux d'étoffes voyantes ; mais leur propreté laisse plus à désirer que celle des Turcs ; les femmes tziganes ne portent pas de voiles, non plus que les jeunes filles. Il est probable que c'est leur absence de voile et leur parité de costumes avec les jeunes Turques qui les a fait prendre pour ces dernières et qui a donné lieu au proverbe usité en Turquie : « Si tu veux voir ta fiancée, va en Bosnie. » Les hommes sont surtout forgerons, d'où leur bruit de ferraille.

Le quartier juif est de l'autre côté de la ville, sur les pentes du fond de la vallée. Il est d'une grande malpropreté : les magasins y sont constamment superposés, l'un en contre-bas du sol de la rue, l'autre un peu au-dessus. Les rues sont en très forte pente : une voiture ne peut les remonter, et en hiver, lorsqu'il y a du verglas, il est difficile de les redescendre à pied. Les Juifs ont commencé à porter le pantalon avec le fez ; on les reconnaît aussi à ce qu'ils sont blonds. Ils sont pourtant d'origine espagnole et portugaise et parlent encore entre eux une sorte de dialecte espagnol corrompu : les jeunes Juifs portent des bijoux à profusion.

Les musulmans habitent les pentes du mont Trebevitch, la plus ancienne partie de Seraïevo. Les orthodoxes et les catholiques habitent le centre et portent les costumes turcs et bosniaques ; cependant les femmes ont commencé à mélanger les modes viennoises aux costumes nationaux avec peu de goût, car le fez rouge à gland d'or et la veste de soie ou de velours est loin de s'accorder avec une robe à la dernière mode de Vienne.

Les principaux monuments de Seraïevo sont le Grand Bazar, les mosquées, les églises, et les palais officiels nouvellement construits. Le Grand Bazar, où l'on peut rencontrer le plus de types originaux, a été incendié en 1881 ; il a été reconstruit depuis. Situé au centre de la ville, près de l'hôtel d'Europe, ce n'est guère qu'un amas de boutiques où l'on trouve de tout. On l'appelle le *tcharchia* ou le marché. Au centre d'une grande cour coule une grande fontaine. Tous les métiers sont représentés dans ce bazar, et chacun y occupe une place distincte.

La véritable spécialité de Seraïevo consiste dans l'orfèvrerie artistique ; la fabrication des poignards, épées, sabres, des *handjars*, sabre turc recourbé avec le tranchant dans la partie concave, arme terrible dans la main des janissaires, qui se servaient de sa courbure pour trancher une tête d'un mouvement combiné de droite à gauche et d'arrière en avant. Toutes ces armes sont ciselées et décorées de filigrane d'argent ; la garde en cuivre battu est un véritable objet d'art incrusté parfois de pierres précieuses. On fabrique aussi des fusils monténégrins, et des pistolets à pierre, à crosse ouvragée et incrustée d'argent ; enfin des services à thé et à café en cuivre et en argent, et toutes sortes d'amulettes en cuivre, cornaline, jaspe, etc.

La seconde spécialité de Seraïevo consiste dans les étoffes : la soie, le cachemire, le foulard, la mousseline, la laine. Elles sont toutes de couleurs éclatantes et tissées de fils d'or ; avec les vêtements de femmes, Seraïevo fournit des vêtements d'hommes à toute la Bosnie ; fez, turbans de soie, vestes d'or, écharpes, ceintures de toutes nuances, gilets croisés en forme de cuirasse, raides et broderies, culottes bouffantes nouées aux genoux de rubans de soie ; tout cela flatte singulièrement la vue. Enfin les tapis épais et les fourrures font aussi brillant effet parmi toutes ces splendeurs.

Si le bazar est la partie la plus curieuse de Seraïevo, il convient cependant de visiter aussi quelques mosquées et les églises. La plus grande mosquée, ou Begova Djamiya, date de 1760 ; elle fut construite par Khosrev-Beg, premier gouverneur turc de la Bosnie. Elle est précédée d'une cour ombragée de beaux arbres, rafraîchie encore par une élégante fontaine. Grande, mais très simple, elle possède une grande coupole centrale, et deux coupoles latérales plus petites ; son grand minaret à faces polygonales est le plus haut de Seraïevo. L'intérieur dallé, mais recouvert de tapis, est absolument nu ; dans l'enceinte même de la mosquée, on a creusé les tombeaux du fondateur et de sa femme.

Une autre mosquée, la Tzareva Djamiya, ou mosquée impériale, fut construite lors de la conquête par le sultan Mehemet ; au fond s'élèvent deux tribunes pour les prières, l'une réservée à la prière du vendredi. Dans le mur du fond le

Kibla en pierre indique la direction de la Mecque.

On peut pénétrer dans les cent dix mosquées de Seraïevo sans quitter ses chaussures comme autrefois, ce qui ne laissait pas d'être gênant. On y rencontre parfois un Turc en prière, la face contre terre, ou les bras au ciel.

L'église grecque date de 1870; elle fut inaugurée au son des cloches le jour de Pâques 1875, ce qui faillit révolutionner les mahométans, car ils avaient interdit les sonneries de cloches depuis quatre cents ans. Il fallut protéger l'église par la force. Elle est de style byzantin, en forme de croix; la nef est surmontée de deux grandes coupoles portées sur des rotondes très élevées, et chacun des deux bras se termine par une coupole plus petite. Ses vastes proportions font contraste avec les masures qui l'entourent, bien qu'elle soit située entre les deux grandes rues de Seraïevo. La grille qui l'environne est constamment fermée.

L'église catholique est au centre du quartier européen nouvellement construit : elle est rectangulaire et forme l'un des côté d'une belle place. L'extérieur simple, en pierres grises, n'a de remarquable que les deux tours carrées surmontées de longues flèches. L'intérieur, dallé, est très riche;

on y remarque de beaux vitraux, des colonnettes élégantes. Le dimanche elle regorge de monde, mais plus encore les jours de fêtes officielles.

Près de cette église, le palais de la préfecture et le théâtre sont sans grand caractère. L'extérieur du musée n'offre rien non plus de particulier : à l'intérieur on remarque les loups, les sangliers et les ours les plus terribles qui aient été tués en Bosnie, la collection des oiseaux du pays, et celle des roches et des minéraux que l'on a pu recueillir jusqu'à présent. De beaux restaurants, l'hôtel Europe, vaste rectangle avec des arcades, et de belles maisons modernes constituent le reste du quartier neuf.

La rive gauche commence également à se moderniser. L'hôtel des postes est achevé. Sur la place Philipovitch, où stationnent de nombreux fiacres, la caserne, construite en 1850 par les Turcs, est imposante par sa masse, mais c'est tout; près de là, le konak, ancienne résidence du gouverneur turc, est un haut bâtiment à toit aplati, curieux seulement par son entrée sous une vérandah supportée par de longues colonnes.

Enfin, du côté de la campagne se trouve le plus beau monument de Seraïevo, le nouveau palais du gouvernement autrichien, tout entouré de jardins et de beaux arbres, en face du jardin public. C'est un modèle de style moderne administratif. Près de là se trouve la manufacture de tabacs.

De ce côté de la vallée, où l'horizon est d'une largeur immense, Seraïevo est destiné à s'étendre dans l'avenir; déjà s'y porte actuellement la plus grande animation, à juste titre, car on trouve un vrai plaisir à se promener sous ces beaux ombrages, en face de cette vallée riche, profonde, qui s'étend à perte de vue jusqu'aux pentes bleuies des montagnes lointaines et que l'on peut appeler, avec plus de raison que celle de Trawnik, la plus belle vallée de la Bosnie, quoi qu'en dise Elisée Reclus.

C'est aux Turcs que revient l'honneur d'avoir découvert ce site magnifique, et d'y avoir fondé Seraïevo au seizième siècle. Les rois de Bosnie ne possédaient en cet endroit qu'un fort pour défendre l'entrée de leur pays du côté de la Drina. L'histoire de Seraïevo est célèbre par les révoltes des janissaires; ils habitaient la citadelle crénelée à quatre bastions dont les murailles s'élèvent au sommet des montagnes qui dominent le fond de la vallée.

Les soirées à Seraïevo sont égayées par les orchestres et les fanfares qui exécutent des airs de tous pays. La musique militaire joue de préférence le bel hymne autrichien de Haydn; mais elle fait entendre également l'hymne croate et l'hymne serbe, et même quelquefois la *Marseillaise*, qui n'est plus maintenant qu'un symbole de liberté. Les régiments bosniaques ont une musique et des sonneries originales contrastant avec les sonneries autrichiennes de la cavalerie et de l'infanterie, les premières surtout, qui ont un beau caractère de fierté légendaire, tandis que les sonneries et les marches croates ont tantôt plus de grandeur et de calme, tantôt plus d'enthousiasme entraînant. Les hommes qui composent les régiments bosniaques sont de beaux hommes de haute taille; ils ont un uniforme bleu, le pantalon collant et ils portent le fez. Les orchestres tziganes, roumains, bohémiens et nationaux, remplissent les salles des cafés; on entend même parfois des chorales chantant leurs hymnes et leurs chansons populaires, serbes, croates et bosniaques. Voici quelques-uns de ces chants populaires, en général graves et bien rythmés. D'abord, le célèbre *Gdié stanak moï*, chanté du Danube à la Turquie, mélodie grandiose, chantée à l'unisson par toutes les voix, montant et descendant des notes très hautes aux notes graves, et, après un crescendo ascendant sur un

changement de ton, terminée sur des notes plus
douces en revenant au premier mode :

> Où est ma patrie? où est ma patrie?
> La Save coule dans les vallées;
> Les bois couronnent les rochers,
> Sur les pentes mûrit le miel du raisin,
> Paradis terrestre, vue merveilleuse;
> C'est là mon beau pays,
> La Croatie est ma patrie (*bis*).

Puis des hymnes entraînants, comme ceux-ci :

I

Naprèj ! En avant, drapeau slave ; au combat, sang héroïque.
L'arme parle pour défendre la patrie.
　　Drum, drum, drum, drum ;
Ma mère chérie a prié sur le seuil de la porte,
　　Ma bien-aimée a pleuré.
　　C'est ici la demeure de ma fiancée.
　　Adieu mère, adieu femme.
Ma mère est mon soutien, ma femme est ma gloire,
Marchons, marchons, marchons au combat pour elles.
　　En avant ! en avant !

II

Au combat, au combat, glaive au poing, frères,
Que le Turc sache comment nous savons mourir.
L'appel des Turcs résonne, leur rage est ardente,
　　Quel feu brûle nos poitrines !

La résonnance de nos glaives se tait,
Le frère quitte son petit frère, le jeune homme sa fiancée,
Tous les héros fidèles sont près de moi pour partir.
        Frères, chargeons les armes,
        Adieu patrie, adieu pour toujours.
        De partout se lève l'arrogant ennemi,
        Soyons unis jusqu'au tombeau.
        Pour toi le fils marche au combat.
        Patrie, au combat! au combat!
    Que chacun, en brave, tire son couteau,
    Quelle douceur de mourir pour sa patrie,
        De mourir pour la défendre!

III

    Le tambour nous appelle au combat sanglant.
    Debout, tous, Croates. Drum, drum, drum.
        Marchons unis contre l'ennemi,
    Dans le sang nous gagnerons la liberté.
    Nous faisons à la patrie un nouveau sacrifice,
        Nous voulons être des héros.

Comme on le voit, ce sont là des chants de guerre, vieux de plusieurs siècles, puisqu'ils appellent les Slaves contre les Turcs. Leur grandeur et leur fierté impressionnent encore maintenant; ils feraient encore aujourd'hui l'effet qu'ils faisaient autrefois, surtout chantés en chœur par des masses ardentes comme les Yougo-Slaves.

Les chansonnettes sont nombreuses également ;
celle-ci est une des plus connues :

> O les longues nuits d'automne ! (*bis*),
> Elle me dit l'an dernier qu'elle reviendra,
> Je l'attendrai !

Le reste tourne au réalisme, le réalisme des
pâtres yougo-slaves.

Toute l'administration civile de la Bosnie réside
à Seraïevo ; elle est confiée maintenant au préfet
de Seraïevo, baron Mollinary, fils du général qui
a donné son nom à un régiment autrichien ; c'est
un homme infatigable, qui parcourt sans cesse
tout son département jusqu'aux villages les plus
éloignés, et tient à se rendre compte de tout par
lui-même.

L'administration des mines fait inspecter plusieurs fois chaque année toutes les mines mal connues dans le pays, et en fait chercher de nouvelles,
de façon qu'aucune des richesses naturelles de la
Bosnie ne soit gaspillée ou perdue. Le service des
ponts et chaussées est constamment occupé par la
construction de nouvelles routes et de chemins de
fer à voie étroite, rapidement construits, peu coûteux et se prêtant admirablement à un pays de
montagnes. J'ai vu construire la route de Prozor à
Gorny-Vakouf et à Trawnik par le massif monta-

gneux de Stit; enfin j'ai vu construire le chemin de fer à crémaillère de Konïtza à Seraïevo, qui a nécessité de nombreux objets d'art, ponts en fer et tunnels, comme celui du col d'Ivan Planina dans une roche très ébouleuse. On comprend le besoin de routes et de voies ferrées qui se fait sentir en Bosnie lorsqu'on songe qu'avant l'occupation autrichienne en 1881 il n'existait guère que les anciennes voies romaines et quelques mauvais sentiers turcs qu'on ne pouvait parcourir qu'à pied ou à cheval.

La Turquie ne fit rien pour la Bosnie; elle défendit le travail des mines, et ne fit aucune route. Du reste, dans toute la péninsule des Balkans, il n'existe encore que peu de routes et de voies ferrées. L'Albanie n'a pas de routes, et en Dalmatie même, avant l'occupation autrichienne, il n'existait que les routes construites par les Français et le général Marmont pendant la courte occupation française sous le premier Empire. Ces routes font encore l'admiration des Autrichiens par la rapidité et l'intelligence avec lesquelles elles furent construites.

L'administration forestière a partout des gardes qui veillent à l'entretien des magnifiques forêts de la Bosnie; elle délivre des concessions pour leur exploitation; les forêts de chênes surtout sont l'objet de compétitions très ardentes.

Citons pour finir les créations nouvelles : la Banque de Bosnie, au capital de vingt millions de couronnes, le grand hôpital, et les nouvelles usines métallurgiques de tuyaux, etc.; enfin les tuileries et les ébénisteries.

Avant de visiter les environs de Seraïevo, j'ai jeté un coup d'œil sur le grand massif montagneux de Romania Planina, depuis le sommet de l'ancienne citadelle. Du bastion blanc, situé du côté de Vichegrad, le panorama est magnifique. La porte de Vichegrad, tout près de ce bastion, est le point de départ de la route de Novi-Bazar. Actuellement il n'y a qu'une route nationale; on la suit quelque temps pour aller aux mines d'argent de Srebrenitza que je décrirai plus loin et que je n'avais pas visitées lors de mon premier séjour en Bosnie.

Cette route, après avoir parcouru des gorges étranglées, passe la rivière Miliachka sur le fameux *pont du Chevrier*, attribué à un pauvre pâtre qui trouva un trésor et l'employa à bâtir ce pont : les accidents étaient fréquents dans ce passage; le sentier, très mauvais, surplombait la rivière d'une vingtaine de mètres, et le pont permit de passer sur l'autre rive. La route stratégique que l'on rejoint vers le village de Mokro offre de beaux points de vue sur les plateaux de neige de la Romania Planina. Au delà, les paysages deviennent tout à fait alpestres, semés de sapins et de chalets, jusqu'au plateau de Glavinatz, célèbre par un combat en 1878 entre les Turcs et les Autrichiens. C'était la revanche de Kossovo pour les Bosniaques.

Le rendez-vous principal comme but d'excursions à Seraïevo est la station balnéaire d'Ilidgé, dont nous avons parlé en venant de Foïnitza à Seraïevo.

D'Ilidgé on va très facilement visiter les sources de la Bosna, par Louzani : c'est un vaste bassin, que remplissent une quantité de sources sortant des roches de la base du mont Igman; aussi la Bosna devient-elle immédiatement une forte rivière. Entre Ilidgé et Seraïevo, on passe à côté du monument élevé à la mémoire des soldats autrichiens morts en 1878 à la prise de Seraïevo.

Les autres promenades intéressantes sont l'ascension du mont Trebevitch, haut de 1,650 mètres; celle des collines de Kossova, au delà des champs de manœuvres, et d'où l'on domine toute la capitale bosniaque; enfin l'observatoire de Bielasnitza, élevé en 1894 à 2,067 mètres d'altitude : c'est la seule station météorologique de la péninsule des Balkans; du sommet on distingue le Monténégro et Novi-Bazar. Cette course peut se faire à cheval ou à pied par des sentiers pittoresques et à travers des rochers; elle demande deux jours pour les touristes non entraînés; mais ils peuvent loger à l'observatoire, où se trouve un bâtiment construit pour eux.

La gare de Seraïevo est plutôt loin de la ville, à près de trois kilomètres; mais il y a des fiacres et des tramways à profusion : j'avais quitté Seraïevo en 1891 alors que le chemin de fer de Mostar n'était pas encore achevé, mais j'avais visité à cheval une partie de l'Herzégovine, comme je le raconterai dans un autre chapitre. Dans ce dernier voyage, je visitai les vieilles mines d'argent de Cemernitzka.

En 1891 il n'y avait qu'un train par jour pour Brod et Agram, la capitale croate; puis Vienne ou Trieste. Actuellement il y a quatre trains par jour dans les deux sens : Vienne et l'Adriatique. De Seraïevo on arrive en une heure à Visoko, où l'on quitte définitivement les pays de Rama et de la Haute-Bosnie.

A partir de Visoko, le chemin de fer à voie

étroite suit la vallée de la Bosna en se pliant suivant toutes les courbes de la vallée de plus en
plus resserrée. La rivière coule constamment en
cascades; à Kakani Doboï, le train la franchit sur
une passerelle en fer, la vallée s'étrangle, et les
roches gréseuses des deux rives, cariées par les
intempéries, prennent des formes bizarres de châteaux romantiques aux tours ruinées. On passe à
Yanïtzé pour entrer dans un étroit défilé et arriver
à Zenitza, dans une grande et fertile plaine où l'on
trouve une exploitation de charbon qui sert aux
machines de la compagnie du chemin de fer. Au
bout de la plaine, on entre dans un nouveau défilé
qui débute par une cascade au milieu des arbres
d'un ravin latéral. Le défilé ne laisse place que
pour la rivière, la voie ferrée et la route, et encore
cette dernière est bientôt obligée de passer en souterrain sous un rocher dressé au milieu du val et
qui porte un vieux château ruiné, celui de Vrandouk ou Vratnik (*vrata* signifie porte); c'est la vraie
porte de la haute vallée de la Bosna. Ce château
eut à subir de nombreux assauts, au moyen âge,
en 1697 et même en 1878.

Le défilé continue, en faisant plusieurs détours
qui font varier le décor à chaque instant, jusqu'à
Begov-Khan; puis la vallée s'élargit pour former

une plaine dominée par un château à quatre grosses tours carrées. La vallée demeure large jusqu'à Zavidovitch. Puis les montagnes s'élèvent plus hautes, couvertes de forêts touffues, que le chemin de fer contourne en revenant sans cesse à droite puis à gauche, et l'on atteint Maglaï, jolie ville située au pied du mont Ozren sur trois collines encerclées dans de grandes montagnes boisées; au-dessus de la ville s'élèvent des minarets, et plus haut une masse énorme de ruines, le château de Maglaï à six tours polygonales reliées par de hautes murailles. Ce château fut pris et repris comme celui de Vrandouk. Le climat de Maglaï ne doit pas être sain, car *Magla* signifie brouillard.

Au delà de Maglaï, les crêtes des montagnes, toujours pittoresques, sont couronnées de nombreux forts; on passe Trbouk et le défilé de la Bosna, où les Autrichiens furent surpris en 1878. On croise la route qui conduit à gauche à Tesani, l'ancienne capitale du banat d'Ussora, dominée par un vieux château célèbre dans les fastes de la Bosnie, et l'on se trouve à Doboï. Doboï est important comme situation stratégique : c'est l'entrée de la vallée de la Bosna. On y remarque aussi une citadelle très ancienne dont il ne reste que d'immenses pans de muraille couvrant toute une grande colline émergeant de la plaine. Les ronces et les broussailles seules apparaissent au-dessus des murs, à la place des tours et des créneaux. C'est le plus célèbre des châteaux de Bosnie. Ivan Horwat et son frère l'évêque d'Agram y complotèrent avec Tvrtko, premier roi de Bosnie, la révolte contre le roi de Hongrie Sigismond et l'enlèvement des deux reines de Hongrie. Mais Sigismond les battit et prit le château. En 1408, les Hongrois y entrèrent de nouveau sous Tvrtko II et y exécutèrent cent vingt nobles bosniaques. Vers 1470, la noblesse de Bosnie s'y convertit à l'islamisme. En 1677, en 1717, les Impériaux le prirent et le reprirent. De puis il tomba en ruine.

Après Doboï, on passe à Kotorsko, défendu encore par un château fort; puis on quitte la vallée de la Bosna à Vrkovi pour passer dans celle de l'Ukrina, en traversant un massif montagneux, par des sinuosités sans fin. Et bientôt, en passant la Save au confluent du Verbas, qui nous apporte un dernier souvenir, nous quittons la Bosnie.

CHAPITRE IX

KONITZA — LA HAUTE HERZÉGOVINE

De la Rama à Konitza. — La route de Tchemerna. — Gatchko.
— Costumes herzégoviens. — Un mariage dans la haute Herzégovine. — Vieilles coutumes. — Le repos du sang. — Les
montagnes et les insurrections herzégoviniennes. — Les champs
de Névésinié. — Bouna.

Je n'ai pas voulu interrompre la description de
la Bosnie par celle de l'Herzégovine. Pour revenir
à ce dernier pays, je reprendrai le récit de mon
voyage à partir de la station de Yablanitza, au confluent de la Narenta avec la Rama, et d'où j'étais
parti pour Prozor et le pays de Rama : déjà j'avais
fait remarquer le caractère tout différent des montagnes bosniaques et herzégoviennes.

En amont de Yablanitza, les gorges sauvages
continuent ; mais on quitte les roches dénudées pour
entrer dans une région plus boisée. A Ostrochatz,
les sapins bordent les deux rives de la Narenta.
J'avais fait alors ce trajet en hiver, et le spectacle
était d'une rare beauté : le givre et la gelée blanche avaient déposé leurs milliards de globules

blancs sur les branches des pins, sur chaque aiguille verte, sur chaque brin d'herbe. Les grandes masses vertes de forêts et de prairies saupoudrées de grains blancs revêtaient les pentes escarpées d'une fourrure inimitable. Au pied des pentes, la rivière gardait son caractère sauvage, sautant de chute en chute à travers les roches qui l'encombraient, tantôt limoneuse et tantôt écumante. Nous allions à Konïtza, pour monter de là dans la haute Herzégovine, dont les montagnes commencent d'apparaître déjà à Ostrochatz.

Konïtza, comme Rama, se trouve au confluent de trois rivières, descendant d'Ivan Planina et de deux autres groupes de montagnes. Mais le paysage est incomparablemeut plus large et plus grandiose que celui de Rama : les montagnes, beaucoup plus éloignées, sont aussi plus hautes, et paraissent à distance dans toute leur grandeur, qni dépasse deux mille mètres. Le massif le plus voisin est celui du levant, la Biélachnitza Planina, dont la spendide paroi de rochers presque verticale, à sept pointes, dépasse Konitza de plus de dix huit cents mètres.

Le soleil scintillait en hiver sur la neige et la glace qui couvraient les creux des rochers, et produisait des jeux de lumière chatoyants et mobiles, variant à

LA NARENTA A KONÏTZA.

chaque point de vue : on voyait par endroits comme
des arcs-en-ciel pâles et bleus se croisant dans tous
les sens. Les grandioses paysages des Alpes ne
dépassent guère en beauté le décor de montagnes
de Konïtza. Ils évoquent le souvenir des pastorales
et des accords champêtres de *Guillaume Tell*, de
cette musique si directement issue de la contem-
plation des merveilles de la nature. La paix et le
calme y resplendissent : un souffle de liberté plane
sur ces sommets, et l'on comprend que ce soit ici,
comme au Rütli, un centre d'aspirations vers l'indépendance. Ce sont en effet les montagnes de
Konïtza qui ont toujours retenti les premières en
Herzégovine de cris d'insurrection contre la domination turque. L'amour de la nature semble réellement participer à la formation du sentiment de la
liberté.

Konïtza est divisée en deux parties : l'une, la
plus vieille, enfermée tout entière dans la Narenta,
n'est qu'une longue rue étroite, aux maisons basses ;
les unes plongeant dans le fleuve, les autres adossées aux pentes boisées et gazonnées : il y a cinq
mosquées et deux églises, et de chaque côté les
inévitables et immenses cimetières. L'autre partie
de Konïtza est neuve et ne date que de la construction du chemin de fer, en 1891. Malgré la cons-

truction du chemin de fer qui a enlevé à Konïtza une bonne partie de son trafic, cette ville garde une certaine importance à cause de sa situation au point de croisement des vallées de la haute Herzégovine.

Les deux parties de la ville sont reliées par un pont remarquable, auquel on accède de la rive droite par une avenue de grands arbres. On attribue sa fondation au roi Hvalimir, vers le dixième siècle; mais un passage existait déjà en cet endroit du temps des Romains, avant le cinquième siècle. Konïtza était l'antique Brindia des Romains; c'était déjà une station stratégique importante, l'entrée principale de la Bosnie par le col d'Ivan Planina, le plus facilement accessible pour arriver dans la vallée de la Bosna, et par où passe maintenant la voie ferrée.

Le pont de Konïtza a 80 mètres de long; il a cinq arches en pierre et est en forme de dos d'âne accusé, avec des côtés de pentes et de longueur inégales; il est beaucoup plus large et plus massif que celui de Mostar; comme œuvre d'art, il est bien moins audacieux et élégant, sans être plus solide. Il est même muni de bastions dont l'utilité n'était peut-être pas grande; cependant les gués sont éloignés en amont.

VILLE DE KONÏTZA

J'ai fait l'ascension des montagnes de la haute Herzégovine en remontant en hiver la Narenta depuis Konïtza. Un très bon chemin de mulets monte à travers des solitudes boisées, glacées lors de mon paysage ; nous franchîmes des gorges profondes en nous serrant contre des parois glissantes couvertes d'eau congelée pour laisser passer le torrent qui tombait en cascade recouverte d'une voûte épaisse de glace : une pierre ne pouvait percer cette froide cuirasse, polie et transparente, sur laquelle les rayons du ciel se réfractaient en arc-en-ciel.

Près des sommets, on traversait des forêts de grands arbres enveloppés de neige et de glace qui leur donnaient l'apparence de gigantesques plumes d'autruche. C'était un blanc étincelant ; au loin la vallée de la Narenta s'étendait devant des montagnes blanches et bleues, sous un ciel dont le bleu paraissait plus profond, éclairé d'un beau soleil qui faisait jaillir de partout des aigrettes lumineuses par sa réfraction sur les facettes cristallines de la glace. J'avais l'impression d'un paysage sibérien, et les noms même des localités, comme Ratchka Gora, « bois de canards », presque purement russes, complétaient l'illusion. J'étais accompagné du vieux Louka Gartchik, de Gatchko, où je me rendais, et qui charmait la route par le récit des aventures des gens de son pays.

Près du sommet, à côté des forêts, nous fîmes une courte halte dans une sorte de chalet suisse, à côté d'une scierie. C'était la demeure d'un entrepreneur de constructions qui commençait l'exploitation des forêts. Il devait aisément braver les intempéries dans cet intérieur confortable : il nous raconta que la Narenta roule des paillettes d'or, provenant de filons de pyrites aurifères, mais cela ne nous donna aucune envie d'aller vérifier le fait : il paraît que les paysans herzégoviens en faisaient trafic au moyen âge ; ils s'abritaient dans de grandes cavernes à côté de la rivière.

Il y a une énorme distance de Konïtza à Gatchko, et il nous fallut deux jours pour la parcourir. Au confluent du Sichtitza potok, nous vîmes un petit lac bleu enchâssé dans les forêts ; il était bleu des reflets du ciel, malgré sa couche de glace transparente. Nous arrivions bientôt à la région aride des rochers dénudés. Nous approchions du col de Tchemerna, à quatorze cents mètres d'altitude, entre le versant de la Drina et celui de la Narenta. Près de là nous passâmes la nuit chez un Bosniaque, dans une grande chambre servant à la fois de cuisine, de salle à manger, de dortoir à toute sa famille. C'était notre seconde nuit de voyage.

On peut descendre en deux heures de Tchemerna à Gatchko. Le col de Tchemerna est le plus pittoresque point de vue peut-être pour contempler l'immense chaos des montagnes herzégoviennes. Je crois qu'il n'y a rien de pareil nulle part : il faut le voir. La montagne la plus grandiose est le *Volouïak*, à 10 kilomètres de distance, séparé par le ravin et le défilé de Soutiechka ; à droite, c'est le *Dormitor*, le roi des Alpes dinariques, couvert de neiges éternelles, la *fourche du ciel* comme on l'appelle vulgairement.

La descente sur Gatchko est vertigineuse : c'est une muraille de roche parfois à pic, et le sentier est indescriptible : il faut descendre de cheval, naturellement ; pour la montée, les chevaux doivent faire des efforts comparables à ceux des chamois. Puis la vallée devient plus riante, avec des forêts ; mais les rochers recommencent avec des cavernes et des tunnels. Nous suivons la rivière Moujitza, dont on est en voie de capter les sources au moyen de digues cyclopéennes qui auront un cube de 11,000 mètres cubes de maçonnerie ; le ciment vient de Naples : le lac artificiel aura 26 hectares et le bassin contiendra deux millions de mètres cubes d'eau. Cet immense ouvrage est destiné à arroser le bassin de Gatchko qui, au milieu de montagnes arides, est fréquemment privé d'eau.

Voici quelques détails sur cette digue pour les personnes que cela peut intéresser : les murailles ont 22 mètres de hauteur depuis les fondations; leur épaisseur à la base est de 18 m. 70, et en haut de 4 m. 60; leur longueur, de 60 mètres en bas, de 108 mètres en haut. Cette construction ne doit coûter que 320,000 florins, soit 650,000 fr. environ, malgré l'altitude (1,030 mètres) et la difficulté du climat, qui ne permet de travailler que quatre à cinq mois par an. Grâce à cette digue, l'eau va rendre fertile une étendue de pays considérable, à peine utilisée auparavant, sans parler de la faculté d'enrichir les terres déjà utilisées.

Un grand travail dont le but est le même va être entrepris près de là, et un autre encore en Bosnie même, à Livansko, dont le résultat sera de fertiliser de hauts plateaux. Tels sont les immenses services que le gouvernement autrichien rend à ses nouvelles possessions, et qui sont bien faits pour constraster avec l'incurie du gouvernement turc.

Au premier aspect, Gatchko donne l'impression d'une ville étendue; il n'y a cependant pas plus de mille habitants. La plaine est semée çà et là de petites maisons de paysans, généralement en pierre, aux toits de pierre, ou bien de bois et de chaume ; mais toujours le bois et le chaume sont consolidés par des pierres, comme pour les chalets des Alpes. Gatchko s'appelle maintenant plus communément Métokia, nom d'origine grecque, et conservé par les Turcs. Au sommet de la ville se dresse l'ancienne caserne turque ; le camp militaire se trouvait à une demi-heure de distance, à Aftovatch. L'administration autrichienne a fait construire un hôpital, diverses maisons, et un hôtel, l'hôtel Metokia, pour attirer en Herzégovine les touristes européens, alors que ce pays, il y a peu d'années, était inabordable et a conservé toute son originalité. L'hôtel comprend la poste et le télégraphe, et un casino pour les fonctionnaires locaux et les voyageurs : nous avons vu à Foïnitza ce que c'est qu'un casino.

La vue de la plaine de Gatchko explique immédiatement la nécessité de l'immense digue que nous avons vue à Tchemerna. C'est l'aridité absolue, sous un climat absolument sec et torride en été, tandis qu'au printemps ce sont des pluies torrentielles. Dans ce plateau, il n'y a plus qu'une petite rivière, la Moujitza, le plus souvent à sec, et qui disparaît bientôt dans un gouffre souterrain, laissant le reste du pays privé d'eau. C'est grâce à l'initiative du ministre von Kallay que la digue a été entreprise et qu'elle sera accompagnée de nombreux aqueducs pour régulariser la distribution de l'eau.

L'Herzégovine n'est qu'une série de plateaux comme celui de Gatchko, dont les eaux n'ont d'issue que par des gouffres souterrains; nous verrons plus tard les champs de Nevesinié, plus célèbres que ceux de Gatchko comme centre d'insurrection et plus facile à défendre par des montagnards résolus.

Une particularité de cette région est le grand nombre de pierres funéraires qu'on rencontre dans la campagne. Près du petit village de Foïnitza, dont le nom rappelle celui du village de Bosnie que nous connaissons bien, se trouve au bord de la rivière un rocher taillé en forme de siège, et qu'on appelle le *siège ducal :* la tradition rapporte que les princes du pays y rendaient la justice et y recevaient les hommages de la population.

Louka Gartchik, qui me fit les honneurs de son pays, un peu rapidement, à mon grand regret, mais je ne disposais que de peu de temps, voulait me faire assister au mariage d'un de ses parents, pour me montrer *de visu* les coutumes herzégoviniennes dans leur plus beau cadre. Mais nous arrivâmes trop tard, le mariage était déjà fait : Louka m'en fit alors le récit détaillé, et je vais le rapporter après avoir dit quelques mots des costumes de l'Herzégovine.

Il n'y a guère de différences entre les costumes des habitants de la haute Herzégovine et ceux des habitants de la vallée de Rama; les détails seuls diffèrent et, surtout dans les costumes féminins, ils sont à peine appréciables pour un étranger. La chemise blanche est à larges manches et brodée en rouge, en vert ou en jaune : la robe, sans taille ni manches, descend à mi-jambes, et un tablier en tissu épais la recouvre par devant. Les pieds sont nus, ou enveloppés de guêtres de couleurs bariolées ou blanches, retombant sur les chaussures en cuir de mouton, à rebords et à poulaine, en un mot, les opanké, chaussure nationale des Slaves. Mais il y a entre chaque village de petites différences, soit dans la couleur de la robe, soit dans celle du tablier, soit dans celle du mouchoir qui couvre la tête. Quant aux hommes, ils ont toujours le large et court pantalon blanc en été, bleu et serrant le mollet en hiver, et la courte veste rouge, bleue, ou jaune, sans manches ni boutons avec le fez ou le turban rouge ou blanc, et la ceinture rouge ou bleue, ou aux trois couleurs slaves, portant les poches en cuir qui contiennent montre, couteau, tabac, pipe et monnaie, toute la fortune du pauvre hère.

Ce qui est plus remarquable dans ces vallées de la haute Herzégovine, c'est la persistance avec laquelle ont subsisté certaines coutumes très anciennes, comme celles du mariage, comme les jeûnes et les prières, l'assistance, et surtout cette coutume spéciale qu'on appelle le *repos du sang*. Elles feront bien connaître les mœurs primitives des habitants de ces montagnes. J'ai eu l'occasion de les observer sur place dans la vallée de la haute Narenta, mais les détails m'ont été fournis par Louka. Nous parlerons d'abord des mariages.

On distingue les mariages réguliers et les mariages irréguliers, ces derniers ainsi appelés parce que toutes les règles n'y sont pas observées. Nous décrirons donc d'abord un mariage qui se passe dans toutes les règles; on regarde cela comme d'un meilleur augure pour l'avenir. Lorsqu'un jeune homme a trouvé une jeune fille qui lui plaît, il en informe ses parents, et ceux-ci s'informent alors de la famille de la jeune fille, de ses parents, de leur réputation, et surtout de celle de la mère, car il y a partout un proverbe qui dit :

« Telle mère, telle fille. » S'il est satisfait des informations qu'il recueille, il prie quelques-uns de ses parents, et non pas son père ou sa mère, d'aller faire la demande en mariage.

Ceux-ci se mettent en route, et lorsqu'ils sont arrivés à la maison de la jeune fille, souvent assez loin dans les montagnes, ils commencent par faire croire qu'ils sont venus pour autre chose; ils disent que la nuit arrive, que la distance est grande, qu'ils seront peut-être obligés de passer la nuit; enfin on voit entrer en scène toutes les ruses et les tergiversations paysannes de part et d'autre. Bientôt le grand mot de mariage est prononcé : « Le vieux Gligor est parmi les plus honorables du village, et son fils est, grâce à Dieu, un vaillant garçon, qui plaît à tout le monde. C'est un bon parti, et nous venons te prier de lui accorder ta fille. »

Si ce n'est pas un parti qui lui agrée, le père de famille sait bien trouver un prétexte quelconque : « Mes frères, je n'ai rien à dire contre les parents, ni contre le jeune homme; seulement ma fille est trop jeune, elle n'est pas encore d'âge à se marier. D'ailleurs nous avons perdu dernièrement un parent; il serait mauvais, dans la même année, d'avoir chez soi la joie et la tristesse, et que diraient les gens de la montagne! » Si au contraire le jeune homme lui plaît, il se garde tout de même de le dire tout de suite : « Hé, mes frères, je serais certes très heureux de faire alliance avec votre famille ; mais qu'en pense la jeune fille, et qu'en pense la mère ? Vous savez, les temps sont ainsi, il faut maintenant consulter même les jeunes coqs et les tourterelles. — Oh ! la chose sera facile, si tu es d'accord avec nous ; mais nous allons d'abord boire un verre de rakia, dit l'un des nouveaux venus en tirant sa gourde de son sac ; puis tu iras consulter, et nous attendrons ici que tu nous apportes la joyeuse nouvelle. — Non, certainement, je ne boirai pas de rakia, jusqu'à ce que je puisse vous dire que l'affaire est conclue. »

Alors il se lève, passe dans une autre chambre où il appelle sa femme et toute sa famille ; il leur fait part de la demande de Jeanni pour Ivana, et la mère va demander à sa fille si le jeune homme lui plaît et si elle ne s'est promise à aucun autre. Lorsqu'elles sont d'accord, la mère vient l'annoncer à son mari : « Elle n'a pas d'amoureux, dit-elle, va vite terminer l'affaire, car c'est le bon moment. » Le père rentre vers les étrangers ; mais en général, il se présente comme s'il était très embarrassé ; les autres lui disent : « Viens-tu en loup ou en renard ? — Ni l'un ni l'autre, frères ;

mais vous savez que ma fille est encore une enfant, elle n'est pas formée. D'un autre côté, je serais fâché de vous apporter un refus. Allons, je vous la promets, et soyons tous heureux. » Alors les visiteurs enchantés débouchent la gourde, et le père lève son verre en disant : « A la santé du nouvel ami que Dieu nous envoie. Dieu lui donne le bonheur et bénisse l'idée que vous avez eue. »

Tous boivent, et causent familièrement, surtout du jeune homme, de ses qualités, du jour où il viendra faire sa demande, et du nombre de compagnons qu'il amènera avec lui, car il ne doit pas venir seul.

Les visiteurs rentrent chez eux le soir même, ou le lendemain, s'il est trop tard, ils annoncent le succès de leur démarche, et ils disent au futur : « Tu sais, le vieux te salue, tu dois aller le voir tel jour et avec tant de compagnons. » On offre à boire et à manger aux visiteurs, et le jeune homme leur dit : « Sûrement, je n'irai pas sans vous, car vous connaissez déjà le chemin. »

Quand le jour fixé est arrivé, il part avec cinq à huit autres jeunes gens, tous à cheval, et chantant l'air :

    « Poljem se vije od zordelije,
    « En chasse dans les champs dès l'aurore. »

Arrivés devant la maison de la jeune fille, ils commencent par s'asseoir au dehors pendant un instant. Le vieux, qui les a aperçus, sort de chez lui, et s'adressant au plus âgé des compagnons, lui dit : « Où allez-vous donc par ce temps ? — «Traiter un mariage avec toi, nous connaissons la réputation de ta maison ; ensuite nous nous en retournerons. — C'est bien, vraiment ; mais ne craignez pas de bien payer l'honneur d'entrer dans ma maison, car elle en est digne. — Nous n'arrivons pas non plus les mains vides, et nous t'apporterons encore, si tu le permets, de beaux cadeaux la prochaine fois que nous reviendrons. — Très bien, très bien ; mais pendant que nous bavardons ici, le temps passe, et je ne sais si nous allons trouver de quoi manger et boire. » Le maître rentre commander le souper, et en attendant il fait apporter dehors le café et le rakia.

Puis le plus âgé des compagnons, ou svat, fait la demande et il offre au maître la bouklia, bouteille d'un mélange de rakia et de miel. En retour, le maître lui donne un anneau et un dukat, et il dit à tous : « Mes amis, je vous donne ma fille, soyez heureux. » Et l'on entonne alors des chants d'allégresse.

Lorsqu'ils partent, le soir même, ou le lendemain matin, si la distance est trop grande, on montre aux compagnons ce que la fiancée a préparé pour le fiancé : linge, chemises, caleçons, draps, bas, gilet, gants, jarretières ; pour son père et sa mère, des chemises ; pour ses frères et sœurs, des paires de bas ou de gants.

Pendant le retour, les jeunes gens chantent et tirent des coups de fusil. A la maison, on danse le kolo, on rit et l'on plaisante sur les cadeaux de la fiancée : « Voyez les immenses chemises, elle a cru épouser un géant », etc.

Au bout de quelques jours, le père du jeune homme se rend chez les parents de la fiancée pour s'entendre avec eux au sujet du jour du mariage, du nombre d'amis de noce, de la partie de la dot en meubles et en propriétés, et de la partie en argent, qui est en général comprise entre dix et cinquante talidjer (quelques centaines de francs).

Le jour du repas des fiançailles, un des jeunes gens va de maison en maison recruter des compagnons ; chacun d'eux doit apporter sa part chez le futur, une corbeille de pâtisserie, ou un agneau, ou du rakia, etc. Avant de commencer le repas, on choisit les futurs amis de noce ou garçons d'honneur : le père de famille a le droit de choisir le parrain et le doyen. Les autres sont le *baïraktar* ou porte-drapeau, et son aide, le *younak;* puis le premier cavalier ou *prvienatz*, l'avant-coureur, et le veilleur, celui qui doit veiller à ce que tout soit en ordre, le repas, les chevaux, etc. Ils s'assoient autour de la table dans l'ordre qui vient d'être indiqué. Après le repas, pendant qu'on selle les chevaux, on chante l'air : « Dansons, chantons », et l'on se met en route pour aller chez la fiancée.

Pour le voyage, on emporte des provisions : un agneau, des pâtisseries, du vin, du rakia, et l'on part en chantant ; le premier cavalier en tête ; puis le doyen, le parrain, le porte-fanion, etc. Le veilleur doit être le dernier pour mieux surveiller.

Si le voyage est long, on soupe en chemin au bord d'une source ; en approchant du but on se range deux par deux et l'on chante l'air : « Réjouis-toi. » Les avant-coureurs galopent en avant vers la maison, descendent de cheval et saluent le maître qui leur souhaite la bienvenue. Il prend la gourde de vin qu'on lui présente, donne en échange une bouteille de rakia, et en même temps remet aux avant-coureurs les cadeaux : chemises et draps. Les jeunes gens se mettent les chemises sur le dos, s'enroulent les draps autour du corps, et remontent à cheval pour faire hâter les autres. Ceux-ci arrivent et on boit alors le vin d'honneur ; le doyen remercie et toaste le premier, en terminant toujours par le sacramentel : « Ako Bog da » « si Dieu l'accorde ». Puis le parrain boit à son tour, et ensuite tous les autres. L'un après l'autre ils descendent de cheval, entrent dans la maison, et s'assoient autour de la table dans le même ordre que précédemment.

Le porte-drapeau, portant le fanion, et son aide font le tour de la maison au galop en chantant l'air de bienvenue, pendant que les jeunes filles dansent le kolo dans l'intérieur.

On sert le café et le rakia ; le maître se fait apporter par un jeune garçon un pot de vin avec lequel il souhaite la bienvenue aux hôtes. Puis le gamin lui apporte une pièce de drap avec lequel il recouvre un verre et sur lequel il pose un anneau. Nous en verrons tout à l'heure la signification. Pendant le repas, composé de viandes bouillies et rôties, et de légumes cuits à l'eau, on porte cinq toasts en discours de plus en plus longs. Le premier, au bonheur de tous ; le second, à l'aide de Dieu ; le troisième, à la Sainte-Trinité ; le quatrième, au voïvode ou maire de l'endroit, aux quatre évangélistes, chacun désigné par l'animal qui le symbolise, à saint Georges, patron des cavaliers ; etc.

16

Chaque phrase se termine par les mots : « Ako Bog da » prononcés sur un ton plus bas que le reste de la phrase, et auxquels tous répondent « Amen ». Le cinquième toast est porté au maître de la maison. Mais, outre ces cinq toasts qui sont les principaux, on peut en porter beaucoup d'autres, aux familles, à leurs usages, etc.

Lorsque le souper est fini, on apporte les violons, les violons serbes ; on joue, on chante et on danse, jusqu'au coucher.

Le lendemain matin a lieu la cérémonie des fiançailles. Tous, assis autour d'une table, chantent la chanson suivante, d'un mouvement un peu lent, andantino, précédée d'un solo de violon serbe :

> Tous les compagnons me donnent la main
> Et ma mère triste m'embrasse ;
> Elle tient la fleur de rose,
> Et le doux fiancé la détache de sa tige.

A la fin du chant, on apporte les dix à cinquante talidjer, et la fiancée vient embrasser le père de son fiancé, puis sa mère, puis les autres membres de sa famille. Alors on apporte le verre d'eau couvert d'un drap sur lequel est posé l'anneau. Le garçon d'honneur, qui est à droite de la fiancée, tire le drap, et l'anneau tombe au fond de l'eau.

Avec sa main la fiancée agite l'eau trois fois en

forme de signe de croix, en disant chaque fois :
« Au nom du Père, du Fils, et du Saint-Esprit,
Amen. » Puis elle prend l'anneau, et se signe
trois fois, en le changeant de doigt à chaque fois,
elle le garde enfin à l'index de la main droite.

Alors le garçon d'honneur qui est à gauche de
la fiancée s'avance, lui délie les cheveux ; puis
le garçon d'honneur qui est à sa droite la prend
sous les aisselles et la retourne trois fois dans la
direction du soleil, pendant qu'on lui montre une
image d'homme, afin que son premier enfant soit
un garçon. Le premier garçon d'honneur prend
le drap qui recouvrait le verre et jette dans l'eau
un zwanzig (cinquante centimes) ; il donne le drap
aux filles d'honneur, qui le cousent sur le dos de la
fiancée en la conduisant ainsi devant les compagnons. Le doyen fait un petit discours aux deux
fiancés : « Soyez heureux, mes faucons ; que Dieu
vous donne de longues années à passer ensemble
dans l'union et le bonheur, *Ako Bog da*, etc. »
Chacun répond : « *Amen.* »

Tous les autres souhaitent aussi la bienvenue à
la fiancée, et alors elle embrasse son futur beau-
père aux genoux et aux pieds, et après lui toute la
parenté. Chacun à son tour, le doyen, le parrain,
les porte-drapeaux, les premiers cavaliers, etc.

l'embrassent et lui disent : « Sois heureuse et bienheureuse en Dieu. »

On se souhaite ensuite bon voyage, et à chaque nouveau toast il faut vider entièrement son verre. Le veilleur va tout préparer pour le départ, afin d'éviter tout accident pendant le voyage ; s'il arrivait la moindre chose, ce serait une grande honte pour lui. Mais le gamin qui a apporté le verre vient réclamer la petite pièce d'argent qu'on y a jetée ; on la lui donne, et on l'asperge avec l'eau d'où la pièce a été retirée.

Avant le départ, les parents de la jeune fille viennent tourner autour d'elle, et la prendre par les épaules pour l'empêcher de partir avec son fiancé ; mais celui-ci vient la délivrer avec ses compagnons, et c'est l'occasion d'une joyeuse mêlée, qui fait ressembler le départ à un rapt. Il arrive quelquefois que le fiancé enlève réellement la fiancée lorsque les parents la lui refusent : c'est un des cas où le mariage est dit irrégulier.

Enfin on part à cheval ou en voiture, en chantant et en tirant des coups de feu ; on emporte des provisions : un mouton rôti, des poissons frits et dix à vingt okas de vin (l'oka vaut un kilo et quart).

En arrivant à la maison du fiancé, pendant que

la fiancée est encore à cheval, on lui apporte une pleine mesure de froment : elle la secoue trois fois, puis la verse sur sa tête en regardant tomber les grains de blé. S'ils tombent d'une manière à peu près uniforme, c'est qu'elle doit passer de longues années heureuse avec son époux; s'ils tombent irrégulièrement, c'est qu'elle ne doit pas être heureuse en ménage. Mais le froment tombe toujours régulièrement.

On lui apporte ensuite un jeune garçon de un à deux ans; elle le prend, l'embrasse, le tourne trois fois du levant au couchant en l'embrassant chaque fois, lui entoure la ceinture du drap qu'elle portait sur le dos et le rend à sa mère. Elle descend alors de cheval en se faisant aider par un de ses compagnons, qui monte à son tour sur le cheval et fait trois fois le tour de la maison au galop; cela doit préserver la fiancée des mauvais sorts qu'on pourrait lui jeter.

Avant de pénétrer dans la maison, elle en baise le seuil, et elle entre dans la maison avec le pied droit; sa belle-mère l'attend à la porte, lui donne trois cuillers de miel mêlé à du lard cru, ce qui doit assurer sa santé, et la conduit vers le foyer. Là elle fait le signe de la croix; puis elle balaie les cendres du foyer et y dépose une pomme dans laquelle elle a introduit une pièce de monnaie : un ducat, un talidger, ou au moins trois zwanzig, c'est-à dire un à six florins. Cette somme est pour la belle-mère, qui a fait les frais du repas de noce.

Alors on sert le dîner. Chacun se place sans ordre défini autour de la table, et peut manger et boire à satiété. Toute la nuit, on boit, on mange, on joue et on danse, jusqu'à l'aurore.

C'est le lendemain qu'a lieu le mariage. Le matin, la messe est dite de bonne heure ; puis tout le monde se rassemble devant la maison, où la table est mise ; le doyen et le religieux ou le pope, suivant que la famille observe la religion catholique ou orthodoxe, occupent le haut bout de la table : il y a souvent cinquante personnes. On sert d'abord du pain et du fromage, avec du rakia ; puis on apporte la viande et le vin.

Le religieux ou le pope prononce un discours que tous écoutent debout et la tête découverte, même ceux qui portent le turban : « Que Dieu bénisse cette union, qu'il vous donne des années heureuses, qu'il vous envoie de beaux et vaillants enfants, etc. *Ako Bog da. — Amen.* » On sert alors le repas de noce.

Quatre jeunes gens apportent : le premier, le mouton rôti ; le second, les poissons frits ; le troisième, des pâtisseries de farine et d'œufs dont les Bosniaques sont très friands ; et le quatrième, la boisson et le reste. Un autre fait le tour de la table en criant : « Hue, bœuf, hue! » comme s'il menait la charrue et les bœufs ; c'est une plaisanterie campagnarde pour faire manger plus vite. A la fin du repas, on examine les cadeaux. Puis chacun à son tour vient se laver les mains dans un bassin : la fiancée tient un drap auquel tout le monde doit s'essuyer, et elle baise la main de chacun après qu'il s'est lavé. En passant devant le bassin, chacun jette dans l'eau une pièce de monnaie, ducat ou talidger, en faisant rejaillir l'eau sur la fiancée ; on appelle cela *polievatchina* ou l'éclaboussure. L'argent constitue le cadeau à la fiancée.

Puis les jeux commencent : on danse la kolo dans la maison, tandis que les parents causent ; s'il fait beau, on va danser et chanter en plein air, à l'ombre des arbres. Les jeunes gens font divers exercices de lutte, de vigueur ou d'adresse.

Quand le soir est venu, les parents de la fiancée se retirent, à moins que leur village ne soit trop éloigné : ils passent alors la nuit chez le nouveau marié et ne repartent que le lendemain.

Avant le départ, la fiancée sort avec ses garçons d'honneur, et se place à cinquante pas de la maison ; elle baise à tous la main en faisant des présents : drap, paires de bas ou de gants, etc.

Au départ, on chante des airs bien rythmés, comme

> Po redom, po redom, redom yasenijé
> Ou ovoï, ou ovoï koutchi veselié, etc.

« En ordre, en ordre, en ordre pour la forêt ; laissons la joie dans cette, dans cette maison. »

Tels sont les mariages réguliers. On dit qu'un mariage est irrégulier lorsque le fiancé est obligé d'enlever sa fiancée en chemin ou à l'église, si les parents refusent de la lui accorder, ou bien encore si la maison du fiancé ou celle de la fiancée n'est pas en état de fournir tout ce qu'il faut pour le mariage. Tout se passe comme pour un mariage régulier, sauf qu'il y a suppression de la demande en mariage et de la cérémonie des fiançailles chez la fiancée.

Comme on a pu le remarquer dans les cérémonies du mariage, il n'en est pas une qui ne soit accompagnée de prières, tous les toasts contiennent une invocation à Dieu ou aux Saints, et chaque vœu se termine par le « *Ako Bog da* », « si Dieu le donne », suivi de l'*Amen* dit par tous les assistants.

D'ailleurs, rien ne se fait dans la maison, aucun travail n'est commencé aux champs sans être précédé d'une prière. Jamais non plus on n'oublie la prière avant et après le repas, non plus que la prière du matin et du soir.

Les jours de fête sont toujours très gais. Le matin on mange le *tchitchvar*, mélange de crème et de farine, et le *priesnaest*, sorte de fromage frais presque liquide. Puis on va faire un tour aux champs en chantant, tandis qu'un garçon porte un drap blanc lié à un bâton en guise de drapeau; tout le jour on chante des chansons du pays, comme celle-ci, qui est très caractéristique :

Heï! « la moisson est fauchée, dit la belle jeune fille.
Heï! à la main d'or et à la serpe d'argent,
Heï! quand la moitié du jour s'est passée en chantant.
Heï! qui me liera la gerbe et me la mettra sur le dos?
Heï! quel est le garçon qui m'apportera de l'eau?
Heï! je serai pour lui une épouse fidèle. »
Heï! le berger lie la gerbe et apporte de l'eau,
Heï! il lie la gerbe et dit à la belle bergère :
Heï! « donne, donne tout ce que tu as promis. »
Heï! Mais la belle lui dit : « Va, jeune berger,
Heï! Tu as fait tout cela : eh bien, va boire frais! »

A midi, on mange le pain, la viande et le vin. Le repas du soir se prend devant la maison; puis on joue, on danse et on chante jusqu'à la nuit.

Certaines coutumes sont originales, comme l'assistance ou *pripomotch* et la paix du sang, *krvi mir*. Voici d'abord en quoi consiste l'assistance : quand une maison a brûlé, quand un loup a pénétré dans un parc à brebis, lorsque la moisson a été ruinée par l'orage, lorsque quelqu'un s'est trouvé engagé dans l'achat d'une propriété et ne peut la payer ; en un mot, lorsque quelqu'un est réduit à la misère, il n'y a aucune honte pour lui à demander assistance à son village, et même d'un village à l'autre. Il doit s'adresser au maire ou au pope, s'il y en a un. Le maire va frapper à toutes les portes et dit : « Notre frère a eu tel et tel malheur : donnons-lui tous quelque chose ; je donne le premier une brebis ou un jeune taureau, ou une mesure de blé, ou deux sacs neufs, etc. » Et les autres répondent toujours : « Nous donnerons volontiers, car nous vivons tous de ces secours. » Cette coutume est usitée aussi bien entre chrétiens et mahométans qu'entre catholiques et orthodoxes.

Cette vieille coutume qui s'appelle la *paix du sang*, usitée encore dans la haute Herzégovine, est usitée aussi entre chrétiens et mahométans, comme entre chrétiens des deux rites. Il arrive quelquefois que, dans une dispute, quelqu'un est

tué, volontairement au non. La famille du meurtrier, craignant alors des malheurs qu'elle redoute
comme une vengeance posthume du mort, cherche
à s'y soustraire en donnant au mort ce qu'on
appelle la paix ou le repos du sang. Il y a des
réunions d'abord entre les parents éloignés des
familles, puis entre les parents plus rapprochés
et enfin entre les frères de la victime et du meurtrier. Ils décident entre eux ce qu'il est convenable
de donner pour apaiser le mort, et fixent le jour
du repos du sang.

On cherche dans les familles voisines et on
réunit ensemble dix à vingt enfants non encore
baptisés, et on fait venir un moine.

Au jour fixé pour le repos du sang, la famille
du mort, et celle du meurtrier, avec leurs parents
et leurs amis, se rendent à l'église ou à l'endroit
désigné pour la cérémonie, et se séparent en deux
groupes : d'un côté, la famille et les amis du
mort ; de l'autre, la famille et les amis du coupable.
Au sommet vient se placer le religieux avec la
croix en main, ayant à sa droite le frère ou le père
du mort ; à sa gauche, le frère ou le père du meurtrier. Au fond sont réunis les enfants non baptisés, dans leurs berceaux.

Le coupable, portant l'arme qui a tué la victime,

s'avance jusqu'au sommet des groupes. Il abaisse son arme et la remet au frère ou au père du mort. Celui-ci prend l'arme, le coupable se jette à ses pieds, puis ils s'embrassent. Pendant ce temps, les femmes disent aux enfants dans leurs berceaux : « Recevez Dieu et saint Jean, et faites grâce au coupable. » Puis elles prennent les enfants dans leurs bras et les portent au religieux, qui accomplit sur eux la cérémonie du baptême. Le repos du sang est alors accordé. La faute a été effacée comme si les enfants l'avaient acceptée avant de recevoir le baptême, et le mort est apaisé. Cependant le coupable n'est absolument tranquille que lorsque deux ans se sont écoulés depuis le meurtre.

Après le repos du sang, il y a dans la maison du meurtrier un repas qui réunit les deux familles.

Il n'est pas étonnant que dans un pays qui a conservé intégrales ces coutumes du moyen âge, malgré les invasions et les persécutions des Turcs. et qui a même eu assez d'énergie pour les faire pénétrer dans les mœurs des mahométans ; il n'est pas étonnant que dans ce pays les habitants aient toujours regretté leur indépendance et, par suite, que la haute Herzégovine ait toujours été le foyer de l'insurrection contre la domination turque. En outre, tout le pays enclavé dans le coude de la Narenta, dont Konïtza est le sommet, est une forteresse naturelle inexpugable par la hauteur, l'inaccessibilité et l'aridité de ses montagnes. On trouve pourtant sur les sommets de ces montagnes de fertiles plateaux, *planinas,* véritables oasis arrosées de cours d'eau qui se perdent dans des gouffres souterrains pour former plus loin de nouvelles sources, ne pouvant sortir de l'enceinte de pierre qui les fortifie. Tels sont les champs de Névésinié, au sud-est de Konïtza, citadelle fortifiée et approvisionnée par la nature, que les Turcs ne purent jamais réduire, où les insurgés trouvèrent toujours un sûr abri. Enfin si le pays produit des hommes énergiques, il produit aussi des chevaux aux jarrets d'acier, renommés dans toute l'Herzégovine et même en Bosnie, et faisant du marché de chevaux de Konïtza le premier de ces pays. C'est même à cela que Konïtza doit son nom, *Koni* signifie cheval, et Konïtza est la ville des chevaux.

Les insurrections de 1875, 1878, 1881 eurent pour centre Névesinié et comprirent tout le vaste massif montagneux situé entre Konïtza, Fotcha, Gatchko et Mostar. En 1875, la collision éclata à Névésinié entre les raïas et les collecteurs turcs de l'impôt ; en 1878, les montagnards herzégoviniens firent contre le général Yovanovitch la plus brillante défense de montagnes, pleine de surprises, comme celle de Paschitz-Han contre des cavaliers et des artilleurs, et comme celle de Stolatz, contre laquelle les Autrichiens échouèrent ; en 1881, tout ce pays fut le théâtre d'une véritable guerre de partisans. Des chefs intelligents, comme Stoian Kovatchvitch, de Gatchko, commandaient des montagnards robustes, courageux et agiles, habiles à tendre des embuscades dans les gorges.

Ils y attiraient les ennemis ; puis, feignant de se retirer, revenaient en grand nombre armés de fusils à pierre et d'armes blanches. Tout ceci se passait en plein hiver, par un froid très rigoureux.

Tout étranger est un ennemi dans ces pays sauvages. Le souvenir de Kossovo est resté plus vivace ici que partout ailleurs, car c'est le district le plus voisin du champ des Merles. Mais en même temps a subsisté la haine contre Vouk Brankovitch, le gendre du roi serbe Lazar, qui aurait trahi à Kossova, en passant aux Turcs avec douze mille hommes. Un chant populaire s'exprime ainsi :

A Kossovo, Vouk a trahi Lazare,
Il a trahi le tsar illustre ;

Vouk a trahi son prince, son parent ;
Qu'il ne voie plus l'éclat du soleil.
Maudit soit-il, maudite soit sa mère
Maudits soient sa race et sa famille.

D'autres chansons guerrières se chantent en Herzégovine :

I

Nos glaives sont aigus, notre sang est bouillant.
Le moment est venu d'utiliser nos muscles puissants
De faire frémir d'effroi notre ennemi,
Qu'il rampe comme un ver.

II

Mon glaive tue, mon glaive boit du sang.
Glaive cruel, ton seul désir est de combattre ;
Nous écrirons notre histoire avec notre glaive :
Il nous conduira au ciel le jour de Saint-Vid.

Le chant suivant est d'un mouvement très large, produisant une grande impression de puissance :

Mes blessures me torturent amèrement ;
Merveilleuse montagne noire,
Ma poitrine appelle ton secours ;
Volez au champ de bataille.
A moi, à moi, montagne noire,
Apporte-moi des armes, mes mains sont faibles,
Arrête les Turcs, montagne noire.

Il faut aller au sommet de ces montagnes pour juger de l'ensemble de ce pays qui a produit des —⟶

hommes capables de l'habiter et de le parcourir, et des chevaux assez solides pour franchir ses solitudes de pierres, tantôt brûlantes et tantôt glacées. Les montagnes ont été à la fois la citadelle naturelle et morale de l'Herzégovine.

De Gatchko, je suis redescendu directement à Mostar à travers ces fameux champs de Névésinié : on suit tout le temps une grande route. Au milieu de la plaine de Névésinié, on voit encore des fortifications, qui font contraste avec la campagne riante, bien qu'environnée de collines dénudées : il est curieux de voir au milieu du village une mosquée neuve, symbole de tolérance religieuse, à côté de l'ancienne qui a été ruinée. A l'entrée de la rue se trouve encore le camp fortifié de l'ancienne population : une haute muraille avec des tours aux angles, et des meurtrières, enferme les casernes, la poste, les écuries, les citernes et tout ce qui était nécessaire aux défenseurs du pays. Ce camp était fréquemment utilisé par les gens de Névésinié et Gatchko sous la domination turque, et il a servi en 1878.

Au col de Grabok, nous quittons les déserts de pierres des sommets pour descendre dans la plaine de Mostar et la vallée de la Narenta. Mais les montagnes arides continuent, ce ne sont de tous

côtés autour de nous que des parois de rocher :
çà et là une hutte près d'une citerne ou d'une
source, ou bien un poste de gendarmerie, rompent
la solitude ; de 1,100 mètres d'altitude la route va
descendre constamment en serpentant à travers
les rochers.

Blagaï est remarquable par les ruines impo-
santes de l'ancienne forteresse de Stiépan Grad,
dominant de trois cents mètres le fond de la
vallée. C'était la clef du plateau de Nénésinié. Les
Turcs s'en emparèrent seulement en 1484, vingt
ans après avoir conquis la Bosnie. De l'ancienne
plate-forme, on distingue nettement Mostar, et en
face la vue s'étend au loin sur les vertes chaînes
bosniaques, vertes cet été, mais blanches durant
l'hiver que je passai ici en 1891.

Le village de Bouna est presque au confluent
de la Narenta avec la rivière qui descend de Blagaï. La grande route le laisse à gauche pour aller
droit sur Mostar ; mais je dirai quelques mots de
Bouna à cause du fameux vizir Ali-Pacha-Rivan-
begovitch, gouverneur d'Herzégovine, en 1850,
resté légendaire par sa cruauté envers les pauvres
raïas. Il leur faisait la chasse lui-même avec ses
gens : une fois pris, il les fusillait, et faisait em-
paler leurs têtes sur des palissades de pieux, tout

autour de son château de Bouna : il voulait goûter
le plaisir de les contempler pendant ses repas.
Sur chacun des cinquante pieux était toujours
piquée une tête. Lorsque l'une d'elles, trop des-
séchée, tombait, Ali la lançait dans la rue du village pour servir de jouet aux animaux et aux
enfants qui se la renvoyaient à coups de pied ; et
personne n'osait protester. Plus de mille raïas
subirent ce sort ; à la fin, las de fuir pour les
éviter, les raïas se soulevèrent en masse. Omer-
Pacha, le général turc envoyé pour calmer l'insurrection, ayant appris la conduite d'Ali, le fit marcher pieds nus à la suite de son armée, puis le fit
fusiller devant la porte de son château.

De Blagaï, on arrive bientôt sur les rochers qui
bordent la Narenta, puis on traverse les champs
de tir et les baraquements des troupes d'infanterie
et enfin on entre à Mostar. Nous avons parcouru
ce qu'on appelle, dans le pays, le Cordon, la route
qui conduit à la frontière : sous le régime turc, il
n'y avait qu'un affreux sentier.

CHAPITRE X

Le Mont Feritchel. — Aventuriers et mineurs. — Musique et
bals populaires, en montagne et au village.

J'ai voulu réunir ici quelques souvenirs plus
spéciaux des montagnes de Vranitza Planina, où
sont les anciennes mines d'or de la Bosnie, et des
montagnes d'Yavor Planina, qui possèdent les
fameuses mines d'argent, si longtemps sujets de
discorde, et cause de guerres entre la Bosnie et
la Serbie : je ne ferai que changer légèrement
quelques noms de lieu pour éviter des indications
locales trop précises : les chapitres précédents,
qui sont rigoureusement exacts, ont suffisamment
renseigné les lecteurs sur l'intérieur de la Bosnie,
la région la moins connue des touristes.

Le vallon de Poïana, parcouru par une petite
rivière, s'allonge gracieusement entre des croupes
de collines arrondies, couvertes d'herbages, au
lieu des forêts de jadis. Comme son nom harmo-
nieux, le village de Poïana respire la paix des

champs; il est au fond du plus large des petits vallons qui descendent du Mont Feritchel, la plus haute et la plus belle des montagnes de la région. Les champs de blé et de maïs, toute la ressource des paysans, occupent le fond et les pentes du vallon. Le Feritchel, grand contrefort coupé de ravins, surmonté d'une arête capricieuse, est encore très boisé, mais avec de vastes clairières d'une herbe drue et verte comme les pâturages de la Suisse. Le petit clocher de Poïana, entrevu dans les courbes gracieuses du vallon, au pied du mont grandiose, et où l'on est sûr de rencontrer la plus sincère cordialité, marque bien l'étape hospitalière où l'on s'arrête, avant d'escalader les pentes plus abruptes, fréquentées seulement par de rares bergers.

Le sentier qui traverse la montagne est fort accidenté; il s'élève très haut à travers d'interminables forêts de hêtres superbes, admirables de sveltesse et de hauteur. Les arbres s'étagent sans fin sur les pentes escarpées recouvertes d'une couche épaisse de feuilles mortes.

Quand le vent souffle, et il est violent quelquefois, on entend les mille craquements des branches, les bruissements des feuilles, et les heurts des troncs immenses qui se frottent et se choquent avec des bruits secs d'ossements : parfois un coup de vent plus terrible brise un de ces troncs superbes qui s'est trop incliné sous l'orage et le passage devient dangereux : le sol se jonche de branches cassées qui se mêlent aux feuilles mortes, et craquent sous les pieds des chevaux. Tous ces bruits et les sourds grondements du vent que du fond des ravins on entend monter, passer sur sa tête avec un bruit de tempête, puis se perdre par-dessus les crêtes, tout cela donne à ces paysages sylvestres une grandeur extraordinaire, et dont j'ai pu être témoin plus d'une fois dans ce pays où les orages éclatent d'une manière soudaine et imprévue.

Des sommets, la vue est magnifique ; on domine une vallée imposante par sa largeur, où viennent mourir des chaînes de collines, tandis qu'au delà de la bande d'argent du Verbas qui serpente gracieusement, s'élèvent des crêtes, puis d'autres enfin, les plus élevées d'entre toutes, où s'aperçoivent toujours des champs de neige. Dans le fond d'un ravin, tout près à vol d'oiseau, on aperçoit les toits de Poïana, et les pointes de son clocher et de ses minarets ; après une longue chevauchée, je ne voyais pas sans plaisir ces toits surgir dans les ombres du soir, au fond de ce ravin, où d'anciennes exploitations de mines d'or ont fait d'énormes brèches dans la roche dénudée : leur blanc éclatant tranche sur le vert des broussailles et des herbes.

Les sommets plus arrondis de certaines montagnes sont naturellement mieux cultivés, et cela donne au pays un aspect curieux, que ces monts toujours verts, sauf à l'époque des moissons où s'étale le jaune des épis.

Et en hiver, lorsque tout est enseveli sous la neige, ce ne sont plus que des dos blancs arrondis, entre des montagnes plus hautes, comme le Feritchel où les forêts d'ormes font des masses brunes dominées par les masses noires des sapins saupoudrés de neige. Les sentiers deviennent glissants, et le fond des ravins n'est qu'une épaisse couche de glace où coule un filet d'eau. Dans les petits torrents latéraux, les débris de roches décomposées prennent la forme de cônes de glace évasés par en bas où ils se confondent avec la glace du ravin ; tout le long de ce lit de glace surgissent des quartiers de roches également glissantes. Aux branches d'arbres pendent des stalactites de glace ; les broussailles sont des gerbes de diamants, car l'humidité a enveloppé les moindres ramilles et en se congelant les a enfermés dans un

MINE ET VILLAGE DE PORKOURITZA.

fourreau de glace. Ils sont inoubliables, ces paysages d'hiver, resplendissants de pureté et de lumière au moindre rayon de soleil. L'on se sent vivre davantage, et tout ce que l'on touche a ce froid, ce poli et cette dureté du plus beau marbre. Et puis quel plaisir, si l'on s'arrête dans la chaumière d'un paysan, d'y trouver un bon feu et une hospitalité, froide peut-être au premier abord, mais ensuite prévenante.

Parfois on fait des rencontres plus surprenantes, des huttes en branchages où vivent des parias tziganes, presque nus par les plus grands froids, mais dont la peau s'est durcie et épaissie en conséquence ; les enfants paraissent bien résister à ce régime : ils font sans doute plus tard des hommes trempés. Ils vivent de racines surtout ; mais aussi de larcins dans les villages voisins, car il n'y a pas de mendicité possible dans un pays si pauvre. Lorsqu'ils ne peuvent plus vivre, ils émigrent un peu plus loin, pour bâtir une nouvelle hutte en branchages, et rapiner ailleurs.

Ils ne sont pas seuls à rapiner dans ce pays : les anciennes mines ont suscité une autre variété de gens aventureux, des entrepreneurs de nouvelles affaires qui vendent le sous-sol à haut prix, d'autant plus haut qu'il est plus difficile de bien l'examiner. L'un de ces aventuriers était un type amusant. Partout où il promenait un visiteur, tout était à lui, terrains et mines. Il faisait de fantastiques théories géologiques où il était question de roches éruptives très riches en or, et de grands courants quaternaires qui avaient produit les placers, et il voyait partout des placers. Or, les placers de Bosnie n'ont jamais rien produit. Mais cela ne le gênait pas : ses placers à lui étaient si riches que, lorsqu'il les visitait par tunnels (c'étaient des placers souterrains, comme en Californie), il ne brossait jamais ses habits, parce que, une fois usés, il n'avait qu'à les brûler pour recueillir la poussière d'or dont ils s'étaient imprégnés, et avec l'or ainsi obtenu il pouvait acheter d'autres vêtements. Il ne brossait pas ses souliers pour la même raison, disait-il : ingénieuse manière de dire qu'il n'avait pas de brosse; le plus étonnant est qu'il trouvait des gens pour le croire.

Ce qui est comique, c'est de voir deux personnages se dire propriétaires des mêmes mines, et se traiter de voleurs : tous deux ont généralement raison. Le paysan mineur est un autre type; mais sérieux, trop convaincu, il se ruine lui-même et non pas les autres : sans cesse il court les ravins, armé d'un marteau; il y passe sa vie, dans l'eau ou la poussière des roches, et il faut voir ses yeux quand il a trouvé quelque chose. Rien n'existe plus pour lui ; j'en ai connu un qui tremblait d'émotion lorsqu'il voyait sur du quartz un point d'or libre, un de ces points imperceptibles que nous ne pouvons découvrir qu'à la loupe ; mais son œil à lui est devenu suraigu à force d'habitude, à force d'explorer des roches pendant des années sans faire aucun autre travail. Il y a pourtant bien longtemps qu'aucune mine d'or n'a été exploitée dans ce pays. Les mines d'argent, reprises en 1889 par l'État autrichien, ont été récemment abandonnées et n'exercent pas la fascination des mines d'or. Dans celles-ci, en effet, la chance joue un grand rôle : le minerai s'enrichit parfois de telle sorte que sur quelques centaines de mètres cubes on peut récolter autant de kilogrammes d'or : il est vrai qu'ensuite le quartz stérile peut recommencer pour longtemps ; mais n'importe, on a fait un beau coup. On peut trouver aussi des pépites ; il s'en est trouvé de cent kilogrammes en Hongrie. Beaucoup échouent, mais quelques-uns réussissent. Les mines d'or de la Vratnitza Planina dont nous avons parlé ont eu leur heure de célébrité.

Il y a un autre type d'homme d'affaires que j'ai

connu ailleurs, mais qu'on ne sera pas fâché de connaître ici. Pauvre, il est à l'affût de toutes les occasions. Dans la petite ville qu'il habite, il passe son temps à la gare. Il connaît le pays ; il a toujours des affaires à proposer, des relations à procurer ; il devine l'intention et le but des gens à leur figure : il les conduit à l'hôtel ; fait leurs commissions et, en récompense, il se fait quelquefois, bien rarement, inviter à dîner. C'est curieux comme on se sent peu porté généralement dans certains pays à offrir à dîner. Ce pauvre homme se dit pourtant propriétaire de mines qu'il proclame très riches, et il a la chance un jour de rencontrer des gens qui en cherchent : c'est la pépite rare.

On part pour visiter les mines ; en route il se rappelle qu'il a un maître mineur pour faire exécuter quelques travaux. Mais ce maître mineur, dit-il, a une fâcheuse habitude, une manie : il se croit lui-même le concessionnaire des mines, et il en parle toujours comme étant à lui, sa propriété ; il ne faudra pas y faire attention, il n'y a qu'à le laisser dire, et l'on se moque du bonhomme. Lorsqu'on est arrivé, en visitant les travaux, le prétendu maître mineur ne parle en effet que de lui et de ses mines, et notre homme d'affaires de

dire en français, l'autre ne parlant qu'allemand :
« Je vous disais bien que c'est un maniaque, lais-
sons-le dire. » Et l'on repart en riant des manies
du maître mineur : cette fois l'homme d'affaires
reçoit mieux qu'un dîner; il a sa commission. Il
serait cruel de rapporter ici le souvenir d'aventuriers de mines qui ont choisi pour jouer leurs
tours un pays qui n'est pas très loin de la Bosnie,
mais qui n'est pas la Bosnie. Et d'ailleurs, dans
des affaires de ce genre, c'est l'affaire de chacun
d'être prudent : il arrive que celui qui donne dans
les pires tromperies n'est pas toujours sans avoir
en lui-même une intention du même genre que
son adversaire : l'homme n'est pas encore arrivé
à cet état idéal où la vérité règnera sur toute la
terre et dans tous les cœurs.

En Bosnie, près du mont Feritchel, où l'on
voit l'énorme tranchée et le tunnel creusés par les
Romains, on trouve encore de l'or libre dans les
déblais, dont le lavage permet de vivre à quelques
paysans. Les galeries romaines, taillées à la poin-
terolle, parfaitement régulières et encore intactes,
sont une véritable curiosité à visiter. On y distingue encore la place où se posaient les petites
lampes, les corniches et les saillies verticales
laissées dans la roche pour marquer le travail de

chaque mois, travail qui rarement arrivait à quatre ou cinq mètres.

Les aventures modernes des mineurs n'empêchent pas les paysans de croire encore aux vieilles histoires de revenants : ils sont très superstitieux ; ils croient aux sorciers qui font tourner le lait des vaches, aux démons qui parcourent les ravins sous la forme de satyres aux pieds de boucs ; aux lutins qui tourmentent les jeunes bergers ; aux géants, anciens hommes immenses dont les dimensions colossales demeurent imprécises. La grande tranchée des Romains, sur le Feritchel, a donné lieu à un conte populaire. Comme c'est un travail qui paraît gigantesque, on l'attribue à des géants ; ceux-ci avaient installé leur immense chaudière au voisinage, dans un grand trou naturel à côté d'un phénomène géologique, une vague de basalte colossale en surplomb d'un côté, tout entourée de sapins. Ces géants étaient si grands qu'en une heure ils avaient tout le temps d'aller à la ville, à plus de soixante kilomètres, acheter leurs provisions, et remplir leur marmite pendant que l'eau bouillait. Leur feu était tel qu'il a fondu la roche, le basalte. Un feu d'enfer, quoi !

Je croisai un jour, dans un petit hôtel de campagne, près d'une source thermale où vivotaient quelques malades et quelques joueurs, à Kiselyak, un petit orchestre hongrois ambulant, mais un vrai. Ce fut pour moi la révélation de la musique hongroise; elle est inoubliable.

Leurs instruments sont le violon et le tympanon. Ils tirent du violon des sons d'une intensité et d'un timbre extraordinaires, et les battements multipliés du marteau de liège sur les cordes du tympanon font l'accompagnement le plus étrange. Les grandioses mélodies hongroises sont rendues par le tympanon avec une puissance surprenante : chaque note du chant est précédée d'un torrent de notes, des plus basses aux plus hautes, que la main gauche du tympaniste vient étouffer avant la note magistrale du chant, et celle-ci prolonge seule ses vibrations sur les gammes d'accords assourdis.

Le rythme et l'harmonie sont étranges : le temps fort paraît le plus souvent à contre-temps de la mesure, et la dominante de l'accord est frappée en retard : on a noté cette musique, et malgré cela, chose curieuse, il est impossible de rendre vraiment l'effet produit. Liszt me paraît seul avoir obtenu au piano des effets du même genre; les arrangements de danses hongroises de Behr et de Brahms manquent de fantaisie. Les rhapsodies hongroises de Liszt ont saisi ce caractère : c'est fier, énergique, et en même temps passionné. Parfois de longues phrases grandioses se traînent sur des battements étranges et l'on croit voir la grande plaine de Hongrie, éclatante de soleil, où coulent avec lenteur des fleuves superbes. Les accords lentement égrenés s'élèvent en ondulations vers les notes hautes, et la phrase grandiose reparaît dans les hauteurs des sons, non plus monotone, mélancolique et comme lointaine, mais devenue suave et coulée avec amour sur les cordes glissées, et l'on dirait les mille froissements des étendards de soie d'une chevauchée magyare, déployés dans l'air et fouettés par la brise de l'immense plaine. Puis le rythme s'accélère, se précipite avec une fougue sauvage ; à l'improviste on est enveloppé dans un tourbillon de notes sifflantes : l'orage s'est levé tout à coup, et c'est maintenant le galop des chevaux talonnés par la tempête qui retentit dans une fuite éperdue. Ces crescendos sont saisissants, et la sonorité des violons s'accroît de toute leur suavité dans les mélodies précédentes. Ces Tziganes sont réellement affolés par leur musique : leur conviction, leur enthousiasme est peut-être ce qui manque un peu à notre musique moderne.

Le fils du Tchèque Matthias jouait du violon, comme moi, mais il n'avait jamais eu de professeur. C'était un garçon intelligent et actif, et j'eus plaisir à développer son goût pour la musique, en même temps qu'à causer avec lui sur toute espèce de sujet. Il m'apprenait la langue bosniaque.

Son nom était Jean ; en bosniaque nous l'appelions Jeanny. J'étais entré un peu dans la camaraderie de tout le monde ; on jouait aux boules sous une tonnelle quand il pleuvait, et il y mettait une vraie maëstria et une gaieté entraînante. Il parlait heureusement l'allemand, et c'était le terrain neutre sur lequel tout le monde pouvait plus ou moins s'expliquer.

Un jour, nous visitions une ferme écartée, et il avait apporté son violon pour égayer la soirée : je l'accompagnais par curiosité. Mais il raconta à mon insu que je jouais mieux que lui, et l'on me força à m'exécuter et à jouer de mémoire tout ce que je savais. Je dois dire que j'en fus récompensé par le plaisir qui se manifesta chez tout le monde. On voulut danser, et l'on vit ce spectacle qui n'avait rien d'étrange, mais pourtant peu banal, d'un ingénieur faisant danser des paysans aux sons des valses de Strauss et même, lorsque la mémoire me manquait, de sonates classiques, mais cela leur était bien égal! Jeanny tenait un accordéon, dont il m'accompagnait avec un art intelligent de mes changements de ton, et je vis le moment où je ne pus m'en aller. Le point du jour arriva; Jeanny me remplaçait en jouant du violon seul, tandis que je regrettais vivement de ne pas connaître l'accordéon, cet instrument si pratique.

Comme je l'ai dit, le Feritchel est la plus belle des montagnes de ce pays, et j'en reparle à cause d'un autre souvenir. Lui seul a quelque chose de tout à fait alpestre, de ces verts somptueux et éclatants des Alpes suisses. Et en même temps, les montagnes voisines, plus pauvres, plus rocailleuses, sans beauté, le défendent par cette pauvreté même de tout accès vain et indifférent.

Là-haut, sur le Feritchel, sur cette vaste et large croupe, couverte d'une herbe épaisse, parsemée de bosquets qui lui donnent l'air d'un grand parc, enfermée dans les forêts qui descendent les pentes, on goûte volontiers le plaisir de la solitude. Le ciel semble plus près, car on subit l'impression de l'abîme dans lequel s'enfonce tout le pays environnant; il semble en monter une plus puissante lumière, venue de ces profondes vallées.

Sur une de ces clairières, alors toute en fleurs, nous eûmes un jour un bal de paysans, aux sons du

chalumeau, et c'était plus gai encore que dans
un village ; les coups de talon de botte qui marquaient la cadence s'amortissaient dans l'herbe ; la
musique pastorale était plus douce et s'entendait
mieux, et il y en a de si jolis, de ces airs croates,
et les sons du chalumeau sont d'une telle limpidité
dans l'air pur !...

Décidément les paysans slaves sont passionnés
pour ces bals. Le plus brillant auquel j'assistai
avait été organisé chez le notaire de Poïana. J'y
étais venu des mines, à cheval, pour arriver la
nuit vers huit heures du soir, après trois heures de
course par les montagnes. C'était pour moi un
spectacle unique et étrange que le vallon qui descendait à Poïana si désert par une nuit sombre.
Pour faire plaisir aux gens du pays, j'y étais allé
en costume bosniaque. L'accès du bal avait été
ouvert à quelques paysans, et cela lui donnait
beaucoup de caractère à cause des danses et des
costumes nationaux. Le mien eut un succès qui
dépassa mon attente et tel que j'en fus touché. Au
dehors, c'était une nuit sans lune, et il faisait bon de
sortir du bal pour venir marcher sous la voûte du
ciel, semée de lointaines et pâles étoiles. Le plaisir
des danses croates, dans la salle éclairée de torches
pendues aux branches des sapins dont elle était

ornée, se doublait du charme de cette belle nuit.

J'ai gardé de ce pays le souvenir le plus intime ; depuis mon premier séjour, j'ai fait de nombreux voyages, si mes lecteurs veulent bien se rappeler le Transvaal et la Rhodésie, la Sibérie et la Californie que je leur ai décrits. Mais de la Bosnie je puis dire comme cette inscription mise à mon intention sur une plaque de marbre au-dessus d'une source : « L'eau coule, la pierre reste. »

CHAPITRE XI

LES MINES D'OR ET D'ARGENT DE LA BOSNIE

Mines d'or de Vranitza Planina. — Mines d'argent d'Ostroujnitza,
— de Krechevo, — de Cemernitza, — de Srebrenitza. —
Importantes découvertes d'antiquités romaines à Srebrenitza.
— Description des mines d'argent de Srebrenitza. — Résultats actuels.

La Vranitza Planina est un massif montagneux
dont plusieurs cimes dépassent deux mille mètres
d'altitude. C'est le système le plus élevé de la Bosnie,
et il est principalement formé de roches éruptives
trachytiques, traversant les calcaires et les schistes
paléozoïques qui forment l'axe central de la chaîne
principale bosniaque.

L'éruption trachytique a été considérable : elle
s'étend sur trente à soixante kilomètres de longueur
et sur dix à douze de largeur, peut-être même le
double. Mais la Vratnitza Planina n'est qu'une
partie de cette éruption et la roche trachytique
n'émerge ici que sous forme d'un grand triangle
équilatéral de cinq à six kilomètres de côté, avec

trois ramifications couvrant les ravins du Tsrnodol potok, du Radovina potok, et la cime Ostra Glavitza (tête pointue). Je ne décrirai pas cette roche en détail; le lecteur peut se reporter à une étude que j'ai publiée dans la *Revue universelle des mines :* je veux seulement ici décrire ce qu'il est possible de voir de ces mines, et ce que l'on en sait.

D'abord il n'y a que des travaux anciens, datant du moyen âge, et qui n'ont pas été repris. Les mines d'or forment deux groupes principaux appelés Oulojnitza et Tsrvena Zemlia. En ces deux points, les anciennes fouilles s'étendent sur un et deux kilomètres de longueur. A l'extrémité supérieure des énormes tranchées ainsi creusées aboutissaient pour le lavage des minerais deux aqueducs, l'un à double conduite, long de 3 kilomètres; l'autre à simple conduite, mais long de plus de 9 kilomètres. Le cubage des déblais de roches extraites des mines permet d'estimer l'extraction ancienne à plus de douze cent mille tonnes. Il s'agit d'amas sous forme de veines pyriteuses aurifères irrégulièrement disséminées dans la roche trachytique, celle-ci assez tendre pour être lavée hydrauliquement, comme je l'ai vu faire encore tout récemment dans certaines mines d'or de Californie (mines en roche, et non placers, comme on pourrait le croire).

Ces mines se trouvent à cinq heures du petit village de Gorni-Vakouf, dont nous avons souvent parlé précédemment; d'après les traditions, et comme le confirme l'état des travaux actuels, l'exploitation a cessé il y a quatre cents ans environ. Il est difficile de dire si les Romains ont connu ces mines : c'est possible, mais non certain. Au quinzième siècle, les Saxons ont dirigé les exploitations d'or, en même temps que celles d'argent dont nous parlerons plus loin.

Ayant décrit dans un autre chapitre la situation de ces mines d'or entre dix-sept et dix-huit cents mètres d'altitude, je dirai seulement ici quel devait être la méthode d'exploitation au moyen âge. Les blocs retirés de la roche, et considérés comme très pauvres, étaient déposés sur le sol pour être décomposés à l'air, puis lavés hydrauliquement. Les petits morceaux riches étaient cassés, ensuite broyés, sans doute au gros mortier à bras; puis enfin lavés au pan ou à la batée hongroise. Lorsqu'on arrivait à une profondeur trop grande pour exploiter à ciel ouvert, on prolongeait la tranchée en amont ou en aval, suivant le cas. L'eau, comme nous l'avons dit, était amenée d'assez loin; mais à cause de l'altitude, il y en avait peu : elle ne devait pas durer plus de six à sept mois de l'année. On voit encore les restes des habitations des mineurs, douze à Oulojnitza, dix-sept à Tsrvena Zemlia, et les bords des réservoirs d'eau. En ce dernier point, outre le trachyte, on a dû exploiter des veines de quartz aurifère, car on en voit encore des débris. On observe encore des vieux travaux à Rosiny et à Zlatan potok (ruisseau d'or), avec des débris de quartz ; à Rosiny, la longueur de l'aqueduc (9 kilomètres) laisse présumer que les travaux ont été importants et n'ont pas encore été tous découverts : ils se sont éboulés et les arbres les ont recouverts depuis quatre cents ans.

Cette région est très riche en forêts magnifiques appartenant à l'État, et pouvant devenir une source de revenus pour le pays, autant et plus peut-être qu'une reprise des mines d'or. Celle-ci serait pourtant fort intéressante à tenter. Les trachytes de Hongrie, une roche absolument semblable à celle de Vratnitza Planina, fournissent de l'or par millions depuis des milliers d'années ; elles ont été bien autrement travaillées, n'ayant jamais été occupées par les Turcs qui interdisaient le travail des mines.

Les anciens ont exploité aussi au moyen âge les

mines de mercure de Tchemernitza : l'analyse des minerais a montré qu'ils renferment aussi un peu d'argent et d'or, ce qui les rattache aux mines d'or de la Vranitza Planina, dont ils ne sont pas très éloignés. La tradition rapporte d'ailleurs que parmi les vieux travaux, en pleine forêt, à quelques cents mètres du tunnel d'aérage actuel, il y avait une mine d'or ; mais on n'a pas réouvert ces anciennes fouilles.

Nous arrivons maintenant aux mines d'argent : elles ont formé trois centres principaux ; nous gardons le plus intéressant pour la fin, dans le but d'y consacrer ce que l'on sait de l'ancienne histoire des mines, et parce que nous n'en avons encore rien dit.

Il y avait donc des mines d'argent à Krechevo ; puis à Ostroujnitza, près de Foïnitza ; enfin à Srebrenitza (*srebro* signifie argent).

A Krechevo, l'argent était mêlé à des minerais de cuivre : le minerai principal, qu'on trouve encore fréquemment, est le fahlerz, sulfure de cuivre très riche en argent, mais en veines minces irrégulières, tantôt dans le calcaire, tantôt dans les schistes, et accompagné de quartz et de barytine passant à la dolomie par substitution, c'est-à-dire par une opération chimique transformant les sulfures en sulfates, et ceux-ci en carbonates; mais elle n'offre pas d'intérêt ici. Nulle part on n'a trouvé ici de grande mine d'argent : le cuivre seul a donné lieu, de la part des Saxons, à des travaux un peu plus importants lorsqu'il imprégnait des schistes cuivreux; mais dans ce cas il n'y avait pas d'argent. Les Romains, gens pratiques, n'ont pas touché à ces mines; mais au moyen âge Krechevo est cité parmi les centres miniers de la Bosnie : il y avait un château fort dont on voit encore les ruines, et une note datant du 18 janvier 1442 rapporte que les minerais d'argent de Krechevo étaient envoyés à Raguse pour y être fondus. A la fin de l'occupation turque un Français, M. Falkner, a entrepris des recherches de divers côtés; mais il est mort sans rien trouver d'intéressant au point de vue industriel, car il avait au moins de beaux échantillons.

A Ostroujnitza, on a exploité au moyen âge des mines de plomb argentifère. Cette localité est au voisinage de Foïnitza, dont nous avons souvent parlé précédemment. La situation au bord de la rivière ou à faible distance rendait l'exploitation plus facile. Il existe de nombreux documents sur ces mines, remontant à 1364, nommant les propriétaires, des Ragusains, et les exploitants, des

Saxons (1). Le plomb argentifère apparaît dans des couches de roches schisteuses parallèles et il a été reconnu sur des kilomètres de longueur. A Ostroujnitza, les vieux travaux occupent un espace considérable dans un vallon de la rive droite de la rivière, à quelques cent mètres de celle-ci. On a compté plus de cent cinquante puits dans la roche, suivant l'ancienne méthode d'exploitation, alors que maintenant ou ferait plutôt des tranchées et des tunnels. Ces puits sont alignés sur cent à deux cents mètres de longueur sur chaque versant du vallon, et le minerai descend à cent mètres et plus de profondeur, comme on peut s'en rendre facilement compte. Outre le plomb sous forme de galène argentifère, on trouve du zinc sous forme de blende riche aussi en argent. Les essais d'analyse qu'on a faits n'ont pas paru suffisants pour oser tenter de reprendre l'exploitation de ces mines depuis que l'Autriche-Hongrie a enlevé la Bosnie à la Turquie; je puis bien dire que j'ai fait moi-même quelques essais et travaux sur une partie de ce gisement argentifère.

Il n'en a pas été de même à Srebrenitza, les grandes mines d'argent de la Bosnie, dont nous

(1) Ces mines étaient estimées valoir 500 livres d'argent, soit 60,000 francs à l'époque.

allons parler maintenant avec plus de détails. Ces mines de Srebrenitza ont été reprises en grand par le gouvernement autrichien lui-même et nous verrons les résultats auxquels ont abouti les travaux. J'ai eu les derniers résultats, au point de vue archéologique et minier, grâce à un récent voyage dans le pays.

Srebrenitza est une localité de quinze cents habitants, pittoresquement située sur un petit affluent de gauche de la Drina, tout près de la frontière, entre la Serbie et la Bosnie, et cette situation la rendit un fréquent sujet de discorde entre les deux pays jaloux de posséder les mines d'argent. Une route y conduit de Seraïevo, traversant la Romania Planina que j'ai brièvement décrite. On accède également aux mines, et c'était autrefois le moyen le plus rapide, par la rivière Drina, partant de Visegrad et descendant la rivière. Mais il y a maintenant un service postal partant de Seraïevo pour Vlasenitza, et de là on va aux mines à cheval.

Je vais décrire brièvement les lieux avant de passer à leur histoire, aux découvertes récentes, et aux vieux travaux des mines. Au-dessus de la ville de Srebrenitza, qui est entourée de montagnes de tous côtés, se dresse sur un rocher trachytique isolé un petit fort turc, et plus haut, sur le même

rocher, les ruines étendues d'un château du moyen
âge, avec deux tours en partie intactes. Mais les
mines sont plus haut encore, sur les flancs du
mont Kvaratch dont la cime atteint 1,014 mètres
d'altitude. Les Romains ont commencé l'exploitation de ces mines, et leur ville, qui se nommait
Domavia, est de l'autre côté du mont Kvaratch.
Pour y arriver, on suit d'abord la route de Liou-
bovia pendant une heure et demie ; puis on tourne
à droite par un chemin entre des champs bien cultivés jusqu'à un han turc, c'est-à-dire une auberge,
avec quelques maisons. De là on suit un bon sentier, à cheval ou à pied. Ce sont d'abord de magnifiques prairies, avec quelques pierres funéraires
bogomiles ; puis on traverse plusieurs fois un petit
torrent : il faut une heure et quart pour arriver à
Gradina en descendant les flancs du Kvaratch le
long d'un ravin. Mais la région est magnifique :
des forêts touffues, des prairies luxuriantes, et
dans le lointain les cimes bleues de la Serbie.

On arrive à Domavia, dont l'histoire ne cite le
nom nulle part, mais dont les ruines sont cependant étendues : les bains, la curie, le tribunal,
l'hypocauste ou lieu de chauffage, enfin des rues
pavées d'herbe entre les ruines des maisons.
D'après les pièces de monnaie qu'on a trouvées,

Domavia a dû être détruite vers l'an 340. Peut-être les Romains se sont-ils enfuis devant les Avares et les Goths en emportant leurs richesses, ou bien ont-ils été chassés de force. Cependant les monuments de la curie sont encore intacts, notamment une pierre portant le nom de l'empereur Septime Sévère; mais une statue de bronze de grandeur naturelle a été mise en pièces. Il est bien démontré qu'il existait ici, à Gradina, une cité ouvrière romaine, composée d'une haute et basse ville, et dominée par un fort. On a découvert de nombreuses inscriptions, un autel à Jupiter et à Junon, un autre à Jupiter et au génie local, des inscriptions relatives à six empereurs et à leurs parents; d'autres aux procurateurs romains, aux constructeurs des canaux et des bains. Après les Romains, ces mines ont été abandonnées sous les buissons et les arbres pendant plus d'un millier d'années; mais la tradition s'en conservait, et les auteurs romains avaient soigneusement noté, sinon l'existence de la ville de Domavia, du moins la richesse de la Bosnie en métaux précieux. Pline le Jeune appelle la Bosnie « Bosna argentaria », et ajoute que les mines fondent chaque jour 50 livres d'argent. Aujourd'hui cela paraîtrait mesquin.

Le gouvernement a fait exécuter des recherches pour connaître cette ancienne ville, dès 1883. Les fouilles ont duré plusieurs mois avant de rencontrer le premier bâtiment : celui-ci était très grand et régulier ; il avait 51 mètres de longueur et 19 mètres de largeur et portait plusieurs inscriptions, dont le nom de Domavia, et celui de Septime Sévère, empereur ; dans l'intérieur on trouva une petite statue de bronze de Vénus, et de nombreuses plaques de plomb portant le nombre XX et pesant 6,700 grammes. Le chiffre XX signifiait sans doute 20 livres romaines. En 1890, les fouilles furent poussées plus vigoureusement : la ville fut en grande partie mise à jour ainsi que le *castrum*, sur la rive droite du torrent Sase, entouré d'une muraille de briques et de ciment romain, de 2,500 mètres carrés de superficie. Dès la fin de 1891, on pouvait contempler le plan à peu près complet du bourg romain de Domavia, enterré depuis plus de quinze cents ans.

Les mines cependant avaient été rouvertes en 1376, environ ; de 1410 à 1443 elles furent l'objet de guerres constantes entre les Serbes et les Bosniaques. Les franciscains établirent leur couvent au milieu de la ville en 1425 ; mais au commencement du seizième siècle, les Turcs s'emparèrent de tout le pays et l'exploitation des mines cessa. La reprise que fit le gouvernement autrichien en 1883 jusqu'en 1895 n'eut pas grand succès : les minerais d'argent étaient pauvres, et le résultat fut l'établissement d'une usine d'État pour fabriquer l'ocre. Peut-être n'a-t-on pas retrouvé les parties les plus riches des mines. Par contre, on découvrit une source qui a acquis une renommée européenne et même mondiale, c'est la source Guber. L'établissement thermal exporte aujourd'hui plus d'un million de bouteilles par an dans toute l'Europe et en Amérique : c'est une eau sulfurée ferrugineuse et arsénicale, efficace surtout dans les cas d'anémie et de chlorose. Les voyageurs peuvent donc trouver dans ce pays de quoi intéresser leur corps et leur esprit; le nouveau gouvernement a fait des prodiges pour développer le pays, et les paysans disent avec orgueil : « Rien n'est impossible à Dieu et à notre empereur. »

Je pense que le lecteur s'intéressera maintenant à quelques détails sur les anciennes exploitations des mines de Srebrenitza, puis à une description succincte des filons que l'on exploitait : le public est devenu si curieux des affaires de mines depuis l'ouverture de celles du Transvaal qu'il doit être également curieux de savoir comment on les exploitait autrefois.

L'exploitation des mines de Srebrenitza fut arrêtée en partie par l'invasion turque, mais en partie aussi par la limite d'exploitabilité atteinte en profondeur, par suite des venues d'eau, du manque d'air, et des moyens rudimentaires usités avant l'introduction de la poudre dans les travaux de mines. Il semble aussi que l'abandon a été voulu, car dans les vieux travaux on ne trouve pas un seul massif minéralisé intact, et dans les déblais des galeries ou des haldes de fusion pas trace de minerais intacts.

Les moyens d'exploitation, même au quinzième siècle, étaient si primitifs qu'il est difficile de distinguer les travaux du moyen âge de ceux des Romains.

Les Romains avaient coutume d'attaquer à la fois à l'affleurement et à une légère profondeur; il est donc probable que les travaux supérieurs datent des Romains; et l'on a en effet trouvé des deniers romains dans les tunnels supérieurs. On peut diviser les travaux romains en deux périodes: la première consiste en une exploitation par puits uniquement aux affleurements, jusqu'à une profondeur d'environ vingt mètres; on faisait de l'abatage tout autour du puits dans un court rayon, comme le montre le voisinage si rapproché des puits ici et à la Vranitza Planina. Nous avons vu le même fait en Tunisie et ailleurs, dans un filon de plomb, auprès des gîtes de calamine, et il est curieux de retrouver encore cette méthode de travail en Chine, dans les vieilles mines d'argent.

La seconde période a consisté dans une exploitation par tunnels à travers-bancs à vingt-cinq ou trente mètres au-dessous de l'affleurement. Mais ces tunnels sont conçus d'une manière particulière. Ce sont des galeries étroites et basses, taillées dans le rocher, au ciseau et à la massette, d'une manière très régulière, en pente descendante sous un angle d'environ quinze degrés. Le but de cette pente descendante était d'arriver plus vite au filon ; cela ne gênait pas l'extraction, car les Romains n'extrayaient que le minerai riche, et abandonnaient ce que nous appelons le minerai de bocard ; il y avait peu d'eau à craindre ; mais l'aérage devait être mauvais, car il n'y avait pas de communications avec les travaux supérieurs. Le minerai était sorti en sacs. C'était l'enfance de l'art des mines, qui se perfectionna par la nécessité d'exploiter des minerais de plus en plus pauvres dans des conditions de plus en plus difficiles. Ces difficultés arrêtèrent en partie les travaux romains.

L'exploitation saxonne au moyen âge est déjà plus rationnelle. Les puits au jour sont rares ; les tunnels, percés un peu plus bas que ceux des Romains, ont une pente légèrement montante pour faciliter l'extraction et l'écoulement des eaux : l'un de ces travers-bancs ou tunnels a plus de cent mètres de longueur ; les galeries larges permettent des transports importants ; elles sont précédées de portails artistiques, comme au filon Kallay.

L'abatage se faisait au pic ou à la masse ; les quatre galeries sont bien dressées. Le travail au feu a été employé dans les parties très dures. Le travail à la poudre était inconnu, nulle part on ne trouve trace de trous de mine. Comme dimensions, ces galeries avaient en moyenne 2 mètres de hauteur, 1 m. 35 de largeur moyenne au milieu ; quelques-unes avaient 2 mètres de largeur, sans doute pour faciliter l'aérage.

On a relevé quelques formes singulières dans ces mines : l'une plus large en haut qu'en bas, une autre de coupe elliptique : la forme renversée devait évidemment avoir pour but d'aérer par le haut. Dans les abatages, les galeries sont plus petites, et même incommodes : les plus étroites datent de la fin de l'exploitation, quand les minerais s'appauvrirent. Le roulage se faisait au moyen du chien de mine, sans roues.

Les puits sont de petites dimensions et plongent suivant l'inclinaison du filon; aucun n'est vertical. Le plus profond des puits saxons a 43 m. 50; on ne dépassait pas en profondeur le thalweg des vallées, à cause des venues d'eau.

L'abatage se fait par-dessus ou par-dessous, en termes vulgaires; par en bas dans les filons puissants, et divisés en gradins pour marquer peut-être les phases successives de l'exploitation. On abattait par en haut dans les filons minces : alors la roche est fouillée et le minerai enlevé dans des espaces si étroits, qu'il fallait des mineurs adroits pour s'y glisser, et habiles pour en extraire le minerai. Ce procédé était économique et en rapport avec les méthodes de fondre le plomb en petites quantités.

L'extraction du minerai se faisait dans des caisses en bois de hêtre pouvant contenir 100 kilogrammes, munies d'une oreille pour y fixer une corde et glissant sur le sol, où l'on répandait de l'argile. On a retrouvé d'assez nombreux spécimens de ces caisses, ainsi que des trépieds sur lesquels s'asseyait sans doute le chef mineur. Dans les puits, l'extraction se faisait par des treuils et des cordes auxquelles étaient suspendues des caisses en bois.

L'aérage s'obtenait par ce qu'on appelle des *canards,* conduites en planches cimentées d'argile et supportées par des piquets près du toit des galeries; ou bien on creusait un canal dans la roche même, fermé par des planches du côté de la galerie, et muni de trous pour écouler l'eau qui pouvait s'accumuler aux parties les plus basses.

Le boisage n'était usité qu'aux abatages; ailleurs la roche se tenait assez solidement : on voit encore ces bois, mais devenus mous et flexibles dans les parties humides. Ces bois étaient le pin et le sapin; or il ne pousse plus dans la contrée que le hêtre et le chêne. Comme il est difficile de croire qu'on ait amené des sapins de loin à grands frais, il est probable qu'actuellement il y a une nouvelle phase forestière. Le mode de boisage moderne était inconnu, on fixait les bois dans des entailles au rocher. On ne trouve pas trace d'échelles.

L'épuisement se faisait au moyen de seaux; il devait y avoir un grand nombre de manœuvres employés à ce service, quand on exploitait plus bas que les tunnels.

Les outils employés étaient le pic du mineur, et une sorte de pioche encore en usage parmi les mineurs du pays, servant à ramener en arrière les produits de l'abatage. Ces produits, rares dans les galeries, le sont encore plus au dehors, où rien ne marque plus la place de certaines galeries, de sorte que beaucoup peuvent être encore inconnues, pourtant en des points où convergent des filons anciennement exploités.

On a ainsi exploité une trentaine de filons sur 6 à 7 kilomètres de longueur et 45 à 50 mètres de profondeur.

Pour le traitement des minerais, il y avait plusieurs usines de fusion dont on a retrouvé les traces : l'usine principale était au village de Gradina, lieu de convergence des deux principales vallées où avaient lieu les exploitations, la vallée de Sase, nom de l'ancienne colonie saxonne, et celle de Maïdan. Une autre usine était située à Srebrenitza même pour les minerais de ce versant sud du mont Kvaratch. On trouve encore des scories à Olovina, où devaient exister de petits fours de fusion.

Les souffleries des fours étaient actionnées par la force hydraulique.

L'argent sorti de ces usines a plus d'une fois servi à payer les indemnités de guerre entre les souverains serbes et bosniaques : les uns se bat-

USINE DE PORKOURITZA EN CONSTRUCTION.

taient, tandis que les autres travaillaient. On dit :
qui terre a, guerre a; ici on disait plus justement
encore : qui mine a, guerre a.

D'après l'analyse des scories saxonnes, les
pertes étaient très faibles, de sorte que l'ancien
procédé de fusion n'était guère inférieur au nôtre;
mais les frais actuels sont bien moindres. Outre
l'argent l'analyse donne un peu d'or, de sorte
qu'outre l'argent on devait fondre également à
Srebrenitza des monnaies d'or, et la tradition est
d'accord avec ce fait; peut-être amenait-on ici les
minerais d'or concentrés, et l'or obtenu aux mines
de Vranitza Planina.

Les fours de fusion plombeuse usités par les
Saxons étaient du même genre que les fours de
fusion du fer, bâtis en parois de schistes; le minerai traité, étant riche, ne devait nécessiter aucune préparation mécanique, sauf un criblage. La
fusion durait cinq à sept heures; on perdait pourtant 30 pour 100 de l'argent dans certains cas.

Nous allons maintenant décrire brièvement le
système des filons de Srebrenitza. Ce système
filonien s'étend sur les deux versants du mont
Kvaratch, du côté de Srebrenitza, et du côté de
Gradina, ou de l'ancienne Domavia des Romains.
Il y a plus de cinquante filons, dont six surtout

paraissent avoir été riches et puissants. Ces derniers sont les fractures principales et déterminent complètement le système; on leur a donné des noms d'hommes d'État autrichiens ou de riches banquiers, sans doute collaborateurs de la reprise récente de ces mines.

Ce sont d'abord le filon *Kallay* et le filon *Andrian*, à peu près parallèles et presque verticaux. Ils sont reliés par plusieurs croiseurs, dont le principal est le filon *Duc de Wurtemberg*, également vertical, et ils sont limités au nord-est par le filon *Albert-Rothschild*, et au sud-ouest par les filons *Szlavy* et *Rücker*. Entre ces deux extrémités, les filons Kallay et Andrian s'étendent sur environ 4 kilomètres de longueur. Leur caractère est d'être encaissés dans la roche éruptive trachytique, sauf sur une petite étendue au sud-ouest où ils pénètrent dans les schistes cristallins surmontant le trachyte en mince strate. Les minerais sont surtout la galène argentifère (sulfure de plomb) et la blende (sulfure de zinc). Les parties les plus riches semblent bien avoir été les points de croisement de ces divers filons. Nous ne dirons sur l'un ou l'autre d'entre eux que ce qu'il offre de particulièrement remarquable.

Les principales exploitations dans ces filons ont

eu lieu dans des colonnes de richesse au croisement de filons transverses; certains de ces filons croiseurs sont stériles et n'ont pas pu être exploités; les colonnes riches ont été enlevées sur 60 à 70 mètres de hauteur verticale, malgré l'eau qui devait s'amasser au fond. Dans le filon Kallay, il y a un grand abatage de 500 mètres de longueur et 40 mètres de profondeur, même 70 mètres en certains endroits. Ce filon Kallay est formé de deux parties, épaisses chacune de 1 m. 50, et séparées par une masse stérile d'andésite altérée, de 1 m. 20 d'épaisseur moyenne : outre les sulfures de plomb et de zinc, ce filon contenait les sulfures et sulfo-arséniures de fer, et du quartz.

La seconde exploitation importante a enlevé le filon Kallay sur 100 mètres, puis encore 50 mètres de longueur, et 40 à 50 mètres de hauteur. Plus loin, les vieux travaux ont encore 250 mètres de longueur dans le filon, qui avait ici 4 mètres de puissance ou d'épaisseur au croisement du filon Kallay avec le filon Duc-de-Wurtemberg. Enfin il y a eu une dernière exploitation sur 100 mètres de longueur dans le filon Kallay au croisement du filon Albert Rothschild.

En résumé, sur 3,500 mètres de longueur, on a enlevé dans le filon Kallay environ 1,000 mètres de minerai riche sur 40 à 60 mètres de hauteur.

Le filon Andrian a été l'un des plus riches en argent (1,200 grammes par tonne). Sur 3 kilomètres de longueur, on a abattu 1,000 mètres de minerai, comme dans le filon Kallay, sur la même hauteur de 40 à 60 mètres, et la zone la plus riche était au croisement du filon Andrian avec le filon Duc-de-Wurtemberg : le filon était divisé en deux parties séparées par du trachyte stérile ; on a exploité jusqu'à 30 mètres au-dessous du tunnel d'accès par de nombreux puits actuellement pleins d'eau. L'épaisseur totale du filon, avec l'intervalle stérile, était de 4 à 5 mètres. Il y a eu deux croisements, longs chacun de 400 mètres, et l'intervalle de 200 mètres entre les deux était également riche, puisqu'il a été enlevé.

Le filon Duc-de-Wurtemberg est le seul filon croiseur qui ait été riche ; il est presque vertical. Outre ces croisements avec les filons Kallay et Andrian, il a été exploité seul sur 250 mètres de longueur : en outre il y a ailleurs de vieux travaux irréguliers dans ce filon sur 800 mètres de longueur ; étant d'un accès difficile, ils n'ont pu être bien étudiés. L'épaisseur totale du filon était de 3 à 4 mètres.

Le filon Albert-Rothschild n'a été exploité qu'à

ses croisements : il est encaissé dans une roche très dure, passant aux quartzites ; aussi on remarque des traces de l'abatage au feu dans les galeries qui sont basses et étroites, et les blocs de roche extraits sont beaucoup plus gros que partout ailleurs. Les travaux dans ce filon sont les plus anciens des mines de Srebrenitza, étant les plus accessibles ; en outre la roche dure ne s'éboulait pas, et le minerai, riche en plomb, tenait moins de zinc que dans les autres filons.

Tous les travaux précédents sont du côté de Domavia, ou Gradina.

De l'autre côté du mont Kvaratch, c'est-à-dire sur la pente qui regarde Srebrenitza, on a exploité les filons Szlavy, Rücker, Vitlovitzé, etc. Ces filons s'étendent sur 1,200 à 1,500 mètres de longueur. Dans le filon Szlavy, une colonne riche a été enlevée sur près de 100 mètres de profondeur verticale et 2 à 3 mètres d'épaisseur, puis l'exploitation continue, et la longueur totale exploitée atteint 1,200 mètres, avec deux filons parallèles, d'un à 2 mètres d'épaisseur, distants de 1m.50 à 2 mètres : ce filon renferme un peu d'antimoine et d'arsenic (réalgar), puis du cuivre argentifère (fahlerz, bournonite, etc.).

Le filon Vitlovitzé a été exploité aussi sur

1,000 mètres de longueur environ, avec souvent 100 mètres de profondeur; il contenait aussi de l'arsenic.

Les autres filons, Rücker, etc., renferment beaucoup de fer, qui colore en rouge les eaux des ravins qui y aboutissent : le filon Rücker appartient à la période la plus ancienne des exploitations; il a été exploité sur 300 mètres de longueur par de petites galeries.

On avait projeté de reprendre en profondeur l'exploitation des filons les plus riches par un grand tunnel partant de Gradina, qui aurait eu 1,180 mètres de longueur jusqu'au filon Kallay, et 2,290 mètres jusqu'au filon Andrian, qu'il recoupait à 350 mètres en moyenne au-dessous des travaux d'affleurement. En même temps on avait installé une usine de préparation mécanique et des fours de fusion.

Les résultats n'ont malheureusement pas été aussi brillants qu'on l'espérait. Après plusieurs années de travaux, on a abandonné l'exploitation des minerais de plomb argentifère, comme trop pauvres, et on s'est borné à installer une usine de fabrication d'ocre, qui est assez prospère. Une source plus grande de prospérité a été créée par la découverte des sources sulfureuses, ferrugineuses, et arsénicales de Guber qui exportent déjà plus d'un million de bouteilles par an, jusqu'en Amérique. Les eaux arsénicales naturelles sont très rares, et sont efficaces surtout pour l'anémie, la chlorose, peut-être les maladies de poitrine. Srebrenitza a cessé d'être célèbre par ses mines d'argent, mais acquiert une nouvelle célébrité par ses eaux minérales, lesquelles d'ailleurs proviennent des anciennes mines.

CONCLUSION

Nous avons fait ressortir en plusieurs endroits
de cet ouvrage les bienfaits apportés en Bosnie
par le régime autrichien : les voies de communi-
cation, les canalisations d'eau, l'instruction pu-
blique. Il y aurait beaucoup à dire encore; mais
nous nous bornerons à deux mots sur la question agraire et sur la religion, avant de parler en
général de la situation de l'Autriche dans les Balkans.

Le cadastre a été entièrement refait, et les biens
de mainmorte des mosquées, ou *vakoufs*, ont à
peu près disparu, grâce à une imposition plus
forte, qui empêche les dissimulations. Actuelle-
lement les raïas ont les mêmes droits de posséder
que les musulmans.

Au point de vue religieux, la tolérance du
gouvernement paternel de l'Autriche a réussi
au-delà de ce qu'on espérait : les musulmans

anciennement chrétiens reviennent à l'orthodoxie. L'hérésie bogomile, qui niait la divinité de Jésus-Christ, a disparu; cette hérésie, en divisant les populations, avait été la cause principale des désastres de la Bosnie contre la Turquie; les derniers bogomiles ont émigré à Raguse.

Au point de vue politique général, l'occupation de la Bosnie fait partie du plan de la maison d'Autriche de se porter vers l'Orient. Déjà maîtresse des Slaves de Pologne et de Bohême, de Dalmatie, de Croatie et de Slavonie, elle commande maintenant à dix-huit millions de Slaves. Deux princes allemands règnent en Roumanie et en Bulgarie; le port de Salonique entre dans les visées autrichiennes. Un nouvel empire apparaît à l'horizon : *l'empire d'Autriche se transforme en empire d'Orient*. Les populations roumaines de la Transylvanie ont hâte de secouer le joug hongrois pour celui de l'Autriche, car les Roumains de Roumanie les attirent de leur côté. Les Hongrois peuvent difficilement former un état indépendant au cœur même des populations slaves, leur intérêt semble être de contribuer au groupement de ce nouvel empire d'Orient.

Cependant les populations slaves sont sollicitées en d'autres sens. Le tsar blanc, l'empereur de Russie, poursuit de son côté la réalisation du rêve des Romanof. Le testament de Pierre le Grand signale la marche en avant vers le sud, et la pénétration dans le cœur de l'Europe le long de l'Adriatique. La Bulgarie, la Serbie, le Monténégro sont travaillés, comme tous les Slaves du Sud, en faveur d'un grand empire slave allant de l'Adriatique à la mer Noire, bordé au nord par la Hongrie, la Carinthie et la Styrie. Le prince le plus populaire parmi les peuples sud-slaves est Nicolas de Monténégro, le descendant d'une des plus anciennes familles princières des Balkans. Les Serbes n'ont jamais été populaires dans la péninsule balkanique, et au dedans comme au dehors, ils ne le sont pas davantage depuis les derniers événements. L'unité de croyance favoriserait l'union des peuples sud-slaves : ils sont orthodoxes et catholiques, comme les Russes; il n'y a pas chez eux de protestants.

Quoi qu'il en soit de ces conceptions politiques, l'avenir peut faire prévaloir d'autres influences encore. Mais comme observateur, je veux insister sur un fait seulement pour la Bosnie : c'est que la civilisation chrétienne, paralysée depuis quatre siècles par l'islamisme, a fait revivre les populations de Bosnie et d'Herzégovine de façon à les

mettre au niveau des autres Slaves depuis longtemps déjà gouvernés par la maison d'Autriche.
Ce gouvernement, traditionnellement paternel, a
droit à la reconnaissance de la Bosnie.

Novembre 1903.

TABLE DES MATIÈRES

CHAPITRE I

L'ADRIATIQUE. — MOSTAR.

CHAPITRE V
LA VRATNITZA PLANINA.

CHAPITRE VI
FOÏNITZA.

CHAPITRE VII
PAYS ET GENS DE FOÏNITZA ET DE KRECHEVO.

CHAPITRE VIII
SERAÏEVO. — LA BOSNA.

CHAPITRE IX
KONITZA. — LA HAUTE HERZÉGOVINE.

GRAVURES

AUTRICHE - HONGRIE
BOSNIE
SERBIE
DALMATIE
HERZÉGOVINE
TURQUIE
MONTENEGRO
MER ADRIATIQUE
Bihac
Banialonka
Brod
Samac
Novi
BELGRADE
Mitrovitza
Vranik
Travnik
Vlasenitza
Srebrenitza
Yavor Pl.
Romania Planina
SERAÏEVO
Visegrad
Mostar
Trebinié
Raguse
CETTINIÉ
Cattaro
Spalato
Brazza
Lessina
Knino
BOSNIE-HERZÉGOVINE
Chemin de fer ...... Limite ....
Echelle
0   25   50   75 k.

PARIS

TYPOGRAPHIE PLON-NOURRIT ET C°

Rue Garancière, 8

9 782019 918514